兒童教理
創意教學指南

Listening to God With Children

主日學蒙特梭利教學法的應用

吉安娜・高比——著　Gianna Gobbi　譯——李純娟

Content

Content

專文推薦

孩童信仰培育的一條新路

徐森義

在福音中，耶穌說：「父啊！天地的主宰，我稱謝你，因為你將這些事瞞住了智慧及明達的人，而啟示給小孩子。」（路加福音 10:21）耶穌的話語常能打開我們的視野，孩童不只是被教導的對象，反而我們需要透過孩童，才得知神的意旨。

這些年從事一些與主日學相關的服務，常聽到主日學老師及家長的訴苦，不知道如何帶領或陪伴孩童信仰上的成長。他們以其自身成長過程中所接受到的信仰培育和經驗，面對在現代多變與多元環境下的孩童，時常感到心有餘而力不足；他們不滿意既有傳統的孩童信仰培育模式，但又不知道能有什麼其他的路可行。

在這本《兒童教理創意教學指南：主日學蒙特梭利教學法的應用》書中，作者吉安娜．高比（Gianna Gobbi）提供我們許多很有幫助的洞見。首先，她提到環境的重要性，她肯定「孩童有自然地吸收融入周遭環境的資訊」之能力，甚至認為「環境本身就是教育家與樹人者」。這是對許多有心從事宗教教育者，除了著重在課程教授外一個很好的提醒。

作者關於環境的理念，不只是紙上談兵而已，他們也具體發展出「善牧小室」這宗教教育的環境，值得許多主日學來借鏡。此外，書中也提到了家庭中的宗教環境的一些建議，很值得參考。

作者所謂的環境是包括在其中的人和物，她認為教育者的一個重要責任就是要為孩童精心準備環境，但這不是說有好環境就足夠了，作者也指出引導者的角色：引導者要給環境和教具帶來生命，指導並引領孩童使用環境，而引導者所需具備的特質是如同科學家一般，成為一個謙遜、有耐心的觀察者。

對教育者在孩童成長中的角色，作者用一段很美的敘述：「孩童是鮮活而不斷成長的生命，成人教育者被賦予特權，參與並協助這項創造的工程。」作者一再提醒我們，教育者對孩童不要有過多的干預，要留出空間，讓真正的老師——即聖神（聖靈）——得以自由揮灑。

在實際運作方面，作者所介紹之主日學蒙特梭利教學法在團體開始時，特別專注於三方面：「動作控制」、「日常生活活動」與「靜肅練習」，彼此環環相扣，提供一個相當整合性的視野。透過一些引導與練習，讓孩童的內在自我與外在實體處於和諧的關係中，作者認為孩童在這過程中學習到控制身體、自我完美、與他人和諧共處的能力，而這可以直接促進他們與神的關係。

以「動作控制」來說，它不只為訓練紀律和維持教室內的秩序而已，這些練習與孩童內在對秩序感的深層渴求相吻合，帶給孩童自主感和自信，並且驅動孩童重複練習，以達到更深入的專注。動作練習可以幫助心智與肌肉和諧地連接起來，讓孩童為能自我控制、擁有自由意志與自發服從的能力做預備，並以此達到專注和默想，這就是祈禱的基礎。

關於「日常生活活動」，例如清潔或插花，它其實具有更廣泛的目標，也就是為他人提供服務的工作。作者認為人類的工作不是只為了生存和身體健康，對有信仰的人而言，工作超越了工作本身，變成了一種服務——為神服務。在善牧小室中，因著紀律和工作而來的專注，能幫助兒童進入默想與祈禱，這是孩童為了要與神相遇而努力的目標。

有關「靜心與祈禱」，作者提醒我們不能擅自認為要教導孩童祈禱，引導者真正的任務是創造安靜和虔誠的氛圍，使孩童可以專注地聆聽神。她也具體指出了間接協助祈禱的三大元素：靜心、有節制的動作、語言。其中靜心的經驗很關鍵，靜心可提升孩童對自己、對他人、對環境的覺知，強化內在的平安，因此也增進孩童聆聽神的能力。

蒙特梭利教學法是基於對孩童長期的觀察與研究，去發覺孩童的本性，並視教育為「對生命的協助」，讓兒童發展自己的潛能，經由其生命經驗，兒童能自行完成建構成熟個體的使命。作者說，若用一句話總結瑪麗亞・蒙特梭利教育的方法，就是「幫助我，讓我自己做」。在最後總結作者提到：我們成人蒙召和孩童一起生活，雖然引導者的重大使命是精心預備環境、示範基督宣言並引導孩童使用環境，但我們最重要的使命是耐心地觀察與學習聆聽孩童，並和他們一同聆聽。

很高興看到啟示出版的這本書，作者將蒙特梭利教育的理念與精神，適切地融入孩童的信仰培育，並以簡單扼要且讓人容易親近的表達，將其介紹給關心孩童信仰培育的人，也讓我們在傳統著重知識傳授的孩童信仰培育模式外，看到一條新路。

（本文作者為耶穌會神父、聖體生活團台灣總輔導）

專文推薦

為孩童的靈性成長築基

郭果七

願意與孩童一起聆聽神的成人「引導者」，何其有福！他們被賦予特權去參與並協助孩童，精心準備環境、製作教具，宣講引導，在耐心持恆的觀察中目睹發生在孩童身上與神相遇的奇蹟！他們在整個過程中經歷了自己身分態度的蛻變，謙遜地體認那是聖神在孩童準備好的心靈中揮灑的奇妙化工，自己只不過是開放而堅持地協助兒童一起聆聽神的耐心觀察者。

本書作者吉安娜．高比一邊引導著引導者進入瑪麗亞．蒙特梭利女士的科學發現和實驗成就中，去了悟引導孩童開發靈性生命成長的路徑，也就是發現兒童的奧秘，為他們準備好情境，啟迪孩子們自由選擇個人的工作；他們被培育具備看出孩童需要的能力，只有當孩童真正需要時才協助他們。更重要的是他們會讓出空間給真正的老師——聖神——去帶領。

以這種適合孩童且經過一步步安置好的環境、準備好的條件——包括動作的設計、寧靜虔敬氛圍的營造（藉由孩童能看見的圖片、台像的擺設，精美的祈禱卡和設計優美的聖經金句，所聽到或讀出的鏗鏘動聽的文詞……等等），吸引孩童在靜默中虔心面對內心深處的神，聆聽祂、回應祂。

聖功修女會對蒙特梭利教育途徑情有獨鍾，對於幼兒早期教育的重要性有著特殊的關懷與使命感；同時願意將豐富而美好的生命途徑展示給孩童與成人。回應這兩個使命的正是「善牧教理課程」。感謝善牧推動小組吳昭蓉修女、劉佳綺老師、李韻如老師、潘菡亭老師、徐亞春修女、黃天佳老師等在校稿和專有名詞文字推敲方面的貢獻，方有今日此書的順利出版！

為基督徒而言，這本《兒童教理創意教學指南》很貼切地透過內容的安排，一步步引入孩童與主相遇的場域；為不是基督徒的引導者而言，它啟發引導者幫助孩童在靜謐中將自己敞開於那內在於人心深處、生生不息的動能前，被來自根源的愛和智慧的力量所吸引、所穿透。

無論引導者自身的信仰背景如何，這本書都能為成人引導者具體指出依循的途徑，教導成人如何整理自己、為孩童準備好物質和精神的環境，為孩童的靈性成長築基，使他們在生命進程中能無懼於各種挑戰或負面因素，因為他們與神已建立了親密的個人化關係。

願意多了解孩童如何體驗神的讀者，可以進一步閱讀《與孩童一起體驗神：在聖經與禮儀中引導兒童的宗教潛能》，了解來自不同環境的孩童們如何實際而奧秘地經驗到永恆的愛、滋養了自身存在所需要的養分，進而在與神的關係上和諧地成長。

（本文作者為聖功修女會修女）

專文推薦

引領孩子藉由「工作」與基督相遇

葉榮福

目前國內宗教書籍中，介紹兒童主日學教學法的書籍並不多，專門介紹天主教兒童教理教學法的書籍更是少之又少，這本《兒童教理創意教學指南》可說是在這方面提供了一個極為實用又相當有價值的參考與選擇。

本書作者吉安娜・高比（Gianna Gobbi），除了曾經擔任蒙氏教育創始人瑪麗亞・蒙特梭利（Maria Montessori）多年的助手之外，自己也親自參與了蒙特梭利教學，具有數十年與兒童相處的實務經驗。她在一九五四年，和另一位蒙氏教育家蘇菲亞・卡瓦蕾緹（Sofia Cavalletti）共同在羅馬創立了「善牧教理中心」，為三到十一歲孩童特別設計了一套「善牧教理課程」（Catechesis of the Good Shepherd）。如今，這套課程已傳遍全球六大洲數十個國家，深入許多不同文化的教會與社區，引領無數兒童走向耶穌。

以蒙特梭利理論所發展的「善牧教理課程」，其課程特色在蘇菲亞・卡瓦蕾緹的另一本著作《與孩童一起體驗神》（啟示出版）已有詳細論述，本書是進一步介紹課程的執行步驟與操作程序，包括對於教學環境的設置、教具的製作與使用、「三段式教學法」的實施細節等，都一一做了介紹與說明。這其中最為特殊的是「兒童的工作」，這部分可說是此課程的核心。

在教會中，一般的兒童教理教學進行時，兒童大部分的時間都是處於聽課的狀態，或許會有師生間的一些討論和互動，但幾乎沒有所謂的「工作」，頂多會有美勞教學畫畫美勞單，或是參與聖經遊戲及為複習課程而做的學習單，極少會讓孩童有專屬於個人的「工作」。

然而，在「善牧教理課程」中，兒童的「工作」卻是不可或缺的一環，兒童在「工作」時會有專屬的教具、專屬的空間，以及不受時間限制的「工作」自由。「工作」為兒童而言，不是單純地在做活動，更不是在玩遊戲，而是在個人主動選擇的情況下，聚精會神、十分專注地在做他想做的「工作」。

瑪麗亞．蒙特梭利曾主張，孩童的「工作」和成人的「工作」為人類生活而言都是必要的，卻有所不同；她特別以蜘蛛網和蠶絲來作比喻，成人的「工作」如同蜘蛛網，是為了求得生存而工作，雖有成就感但也會造成疲累，也很容易受到破壞。孩童的「工作」則如同蠶絲，孩童是在「工作」中，藉由工作認識自己是誰，找到自己的位置，培養出自己的能力，進而發現蠶絲可製作成美麗的布料。

孩童在「工作」中雖然會有重複性的操作，但這樣的「工作」和蜜蜂日夜不停採花蜜的「工作」卻是孑然不同；成人的「工作」也會每天不斷地重複，但帶來的是精疲力竭和沉重的負擔，孩童則是在一次又一次地重複「工作」中，越來越發覺「工作」的樂趣。尤其是，孩童的「工作」不需要像成人的「工作」那樣處處講求效率，更不必在意或取得長上的認可或贊同，完全可以由自己盡興地操作與掌控，甚至可以自行調整「工作」的流程，在不斷的嘗試中找尋更多的樂趣。

孩童這樣的「工作」，雖然不會如成人的「工作」那般，可以獲得實質上的薪資或酬勞，但唯有藉由在「善牧教理課程」中的「工作」，孩童才可以盡情自在、無拘無束地與基督相遇。

（本文作者為輔大全人教育中心兼任講師）

專文推薦

讓孩子也體驗到天主的愛與生命

裴育聖

平衡的生活是我們每個人生命中的渴求。如何培養出這樣的平衡呢？我很喜歡用「鳥的兩隻翅膀」來形容基督徒平衡的生活。

一隻鳥如果兩邊翅膀長得不平衡，牠起飛的時候可能就有一些困難，走路或跳躍時也會有一些困擾；假如牠想飛得很高、看得很遠，就可能遇到更多的辛苦和困難，因為牠的兩隻翅膀長得不一樣，一大一小、一長一短等等。這樣的情況讓牠沒辦法往更高更遠的地方前進。

我們基督徒的信仰也是如此。我們除了要照顧現實肉體生命的需要（努力讀書、工作、賺錢、旅遊、享受等，讓肉體的生命得到舒服與健康），還有另一種生命的需求也需要我們的照顧，那就是顧好我們的靈魂、心靈、信仰，以及天主（神、上帝）的營養需求。

靈性的這隻翅膀是多麼重要，但是人們常常忽略或忘記。有人會說，等他有空或生活安定好了再來照顧他的靈魂；或是等他退休了、老了，才有時間關懷自己的靈魂等等。這是很大的冒險。試想，連那些有信仰、相信天主跟我們在一起的人都會產生這樣的念頭，何況是無神論者呢？

看這本書，作者吉安娜・高比（Gianna Gobbi）以各種方法來介紹並指引孩童如何隨時、隨處跟天主建立親密的關係，並在任何接觸上都認出天主的臨在和大能。作者很注重孩童在他們生命中要如何認識、體會天主的召喚，並發揮天主賜予自己的智慧來接近天主。

談到孩童跟天主的關係，我想到在聖經舊約裡，有兩個故事描述了天主召叫小朋友來代替祂發言和領導以色列人民走上歸向天主之路。第一個故事是青少年達尼爾（但以理）充滿天主的恩惠，站出來審訊並還給蘇撒納（蘇撒拿）一個清白，拯救了她脫離死亡（達尼爾／但以理先知書 13:41-62）。第二個故事是天主召叫孩童撒慕爾（撒母耳）成為先知，領導天主的選民（撒慕爾／撒母耳記上 3:1-21）。

在新約中，耶穌也有兩次提到小朋友，並喜歡他們來到耶穌的懷抱裡。第一次是耶穌邀請門徒們，說如果不像孩童就不能進入天國（瑪竇／馬太福音 18:1-4）。第二次是有人帶幾個小孩子到耶穌面前，讓耶穌降福給他們，卻遭到門徒的斥責，耶穌說：「你們讓小孩子來罷！不要阻止他們到我跟前來，因為天國正屬於這樣的人。」於是耶穌給孩子們覆了手（瑪竇福音 19:13-15）。

由此可知，培養孩子跟天主建立好的關係，是天主所喜歡的事，並且這是一條最重要的道路，讓人在天主面前善度最美麗的生命。

親愛的家長們，我很熱烈地鼓勵你們閱讀這本書，讓自己更瞭解宗教信仰的重要性，接下來就是跟主日學的老師合作，引導自己的孩子跟天主建立關係。

為人父母者都很渴望給孩子肉體生命最好的營養和教育，但在心靈的生命上更需要這樣做，讓孩子也體驗到天主的愛與他們的生命結合。這是基督徒一生中最幸福和喜樂的時刻，亦是人間的天國了。

願主耶穌基督祝福所有的讀者身心靈健康與平安。

寫於二〇二一年三月十九日，大聖若瑟慶日

（本文作者為古亭耶穌聖心堂主任神父）

專文推薦

回到初衷，如孩子般聆聽天主

教理推廣中心

當人尋尋覓覓地渴望著愛與被愛的時候，我們常回憶起童年的經驗、成長中需要的尊重和陪伴——這些在這本書裡找著了。相信本書能建構出填補成人與孩童之間鴻溝的橋梁。

成為了大人的我們，在離開童年的遙遠記憶的現在，不得不透過學習去了解孩童的心。更準確地說，是我們遺忘了孩童與生俱來的「吸收性心智」和「敏感」特質。而這兩樣特質正是孩子們接近天主得天獨厚的恩寵。

本書提供了瑪麗亞・蒙特梭利（Maria Montessori）如何觀察到這些特質，並如何引導孩子發展，且落實在宗教教育上，進而活出信仰生活。對於這點我們感謝天主，有這麼好的教育者已經發展出一套配合孩子心智的學習方式，並且我們也曉得「蒙特梭利教學法」對孩子們在每一個階段發展都有成熟完善的引導。因此，本書作者將其所學的「蒙特梭利教學法」應用在孩子的宗教教育中，並由本書詳述，令我們感到格外驚喜及讚嘆。

宗教教育、信仰傳承，除了知識性的教導，更不能缺乏「融入生活」以及「信仰實踐」[1]。若沒有引導孩子們去接近上主，將他們獨有的特質好好發展，又沒合適的環境和澆灌養分，我們該如何讓孩子的生命結出甜美的果實。

在台灣，我們面對著非常大的挑戰是：家庭信仰如何落實、社會習俗的影響、教育環境的複雜、人文風情的淡化，使信仰與生活的結合有著很大的差距。

正因如此，我們經常會感到教會和我們日常生活有極大落差的衝擊。彷彿出了教會大門就自然而然脫下了基督徒的身分。當成人都感到如此，又如何能要求孩子、期

1 兩者皆是由耶穌聖心會會祖愛德．彼得菲博士在「全人教理講授五步驟」提出之專用名詞。

望孩子和天主有自然的互動呢？

本書切實地分享了如何能「在家庭」營造信仰空間，在我們日復一日的生活中，將天主實際地帶入孩子的生命。當然，主日也少不了「在教堂」如何安排好一個環境，讓孩子們有一處使他們感到熟悉、能與天主相處與談話的地方。

讓孩子和天主建立關係，是需要成人們共同花心力和時間的，細心地觀察、慢慢地引導、耐心地陪伴。如同任何一個人際關係的互動一般，絕對不可能在沒有付出真心和時間的關係中增長情感。所以，我們又怎能要求孩子在我們不足的引導和陪伴中，使孩童和上主有親密的交流呢？

當閱讀到《兒童教理創意教學指南》第二章，彷彿腦袋和心靈都被敲打了一下。我們是孩子的引導者，如同耶穌用盡各種人們能聽懂的比喻引導我們理解真理。針對祂所遇到的每一位，耶穌並不是權威式的填鴨、灌輸知識，而是透過回應給予每一位所需要的。如同厄瑪烏（以馬忤斯）門徒在遠離耶路撒冷的路途中，耶穌迎上前與他們同行，慢慢地分享、解釋著關於信仰內容（路加福音 24:27）。

這種共享的經驗是保留給孩子在自發中產生自己對天主的認識，引導者僅是陪伴和帶領；且不是由成人「塑造」神的模樣給孩子。而我們將會發現，隨著孩子的眼光，會再次使我們——成人——驚豔讚嘆上主創造萬物的美妙。

蒙特梭利有句名言是「跟隨孩子」（follow the child）。不論是何種教育，最重要的還是回到引導者的身上。身為「大人」的我們要深刻地反省，需要經歷自我蛻變的歷程（P51），開始省察自己的心，並在孩子和天主的創造上，保持謙遜和尊重生命的心。回到初衷吧，放下「大人」的姿態，如同孩子一起聆聽天主的聲音吧。

耶穌說：「你們讓小孩子來罷！不要阻止他們到我跟前來，因為天國正屬於這樣的人。」

——瑪竇福音19章14節

台北總教區教理推廣中心

寫於二〇二一年大聖若瑟慶日（大聖若瑟年）

代序

孩童與神的關係

在本書中，吉安娜・高比以簡單扼要且清楚的方式，提供一些蒙特梭利教育願景的原則。然而，這並非一本純理論的書，因為在書中，讀者會發現她的蒙特梭利理念具體落實在不同國籍、社會背景和智能的兒童身上。吉安娜・高比藉著她的實務工作，活化了她在瑪麗亞・蒙特梭利身上和其著作中所聽到和吸取到的蒙特梭利教育理論。這本書也因此豐富而生動。

吉安娜・高比在理論上的素養並不亞於她對孩童的認識。我們發現，書中那些經過研究而匯集的學理，以及與孩童直接接觸的認知，兩者之間確實有達到平衡，形成了完整的論述。

我要特別指出最後關於祈禱的那一章。作者提出不同層次的祈禱，也幫助我們學習如何去協助孩童。吉安娜．高比在書中所有的論點，甚至是最細節的部分，都融合了她對蒙特梭利思想的理解，以及她與孩童的互動關係。

《與孩童一起聆聽神》這個書名（此指英文版）意味著書中呈現的蒙特梭利教育原則，主要是為了孩童的宗教生活，這也是作者的專業。本書最重要的論述，就是孩童個體本質與神的關係。

瑪麗亞．蒙特梭利在發展宗教教育的最初經驗中發現，宗教教育顯然是一個里程碑，它匯聚了孩童在學校的所作所為，並賦予孩童所有活動一個新的含義。此外，正如瑪麗亞．蒙特梭利所指出的，善牧小室的經驗讓孩童「覺得感恩、喜悅，且有了新的自尊」[1]，這意思是說，儘管是藉著不同的途徑，除非孩童體會到自己在與神的關係中佔有一席之地，否則他的能力就未能完全實現。

本書所述是孩童人格養成的關鍵，而宗教教育並不僅限於特定宗教的信徒。凡是

1 Maria Montessori, *The Discovery of the Child* (Madras, India: Kalakshetra Publications, 1966), p. 343.《發現兒童》第455頁，及幼文化。

認真對待孩童及其靈性潛能的人，都會對本書感興趣。

蒙特梭利原則無疑地貫穿全書，然而，吉安娜．高比對這些原則所做的討論並不是要取代直接閱讀瑪麗亞．蒙特梭利的著作，特別是本書中所引用的那些書籍。吉安娜．高比的用意是藉著預覽瑪麗亞．蒙特梭利的教育思想，邀請讀者探索深度的知識。而這些知識，必須經由閱讀瑪麗亞．蒙特梭利的著作，以及在與孩子的直接接觸中實踐她的理念，才能真正獲得。

國際知名聖經學者、蒙特梭利教育家

蘇菲亞．卡瓦蕾緹（Sofia Cavalletti）

作者的話

瑪麗亞・蒙特梭利（Maria Montessori）在她的書《吸收性心智》（*The absorbent mind*）中為教師們提供一首祈願詞，她說這是「一種綱要，我們唯一的綱要」：

主啊！幫助我們進入童年的奧秘吧，如此我們便能按照公正的法則並遵循神聖的旨意，關愛兒童，服侍兒童。

成人要「進入童年的奧秘」，需要帶著意願和特定的修練。最重要的是，這樣的修練是出自成人對孩童的耐心觀察和精心的自我準備，以便瞭解他所觀察到的孩童自我展現，並且知道如何給予最好的回應。

所以，那些想要「進入童年密室」的人會知道，深入的閱讀和正式的培訓課程在蒙特梭利教學法與「善牧教理課程」中的重要性；而無論是在兒童之家或是善牧小室，引導怎麼去觀察孩童也是同等重要的。

能夠如此觀察孩童、與他們共同體驗的善牧引導者培訓課程，是無法以任何書本取代的。本書的目的在於點燃蒙特梭利教學的原則。這些原則引導成人「認識、關愛並服務孩子」的永續使命，尤其是關於孩子與神的關係的塑造。我們也希望藉由此書，邀請並感召那些尋求進入童年密室、與孩童在邁向神的旅程中同行的人。

第1章

環境

「天國的奧秘：珍珠的比喻」的教具，右邊是尋找完美珍珠的商人，左邊是像天國那樣的最寶貴珍珠。

環境的功能與重要性

「環境」這個詞的意涵非常豐富，可以指圍繞在地球上或宇宙生物間的所有事物，也可以指某個地方的氛圍或條件。對不同種類的生命發展和生存來說，特定的生態環境是非常重要的，例如，魚不能離水而生。

人類與生俱來就有能力去適應幾乎所有的生態環境，但人類也需要「另一種」環境，就是我們這個時間和空間所展現的文化、社會、道德特質的環境。人類第一個經驗到、同時也最重要的環境，就是「家庭」。在那之後，我們才陸續置身於不同宗教、社會、教育和政府機構等環境的影響中。

舉例來說，我們宗教生活的環境，就是信徒團體——教會。所以我們可以說，人類環境的差異不僅在於實體和氣候條件，也在於人類的目標和意義。人們所需要、嚮往和追尋的成就也會因環境而異。因此，每個人的活動或工作會因不同的環境而有所不同。

現代教育學強調環境對人格養成的重要性，然而早在一九〇〇年代初期，蒙特梭利教育的創始人瑪麗亞．蒙特梭利就已為了促進孩童的獨立和自制，獻身從事於學習環境的準備。此外，她也專注觀察置身於此完備環境中的孩童，並對孩童有了深刻的發現。

瑪麗亞．蒙特梭利觀察到孩童成長發展過程中的兩個特質，這兩種特質成了完備環境的指導原則：

- **吸收性心智**：孩童無須刻意努力，便能自然地吸收融入周遭環境的資訊。
- **敏感期**：當孩童處於吸收力特別敏銳的期間，會表現出高度的興趣，此興趣涉及對生理、智性和靈性的發展。

孩童所處的環境，可以助長或阻礙這兩項特質的發展。所以，為了配合孩童的需要並促進其人格的塑造和發展，環境的準備是非常重要的。所謂的環境包括在其中的人和物，這兩者扮演了教育的間接工具。隨著孩童年齡成長和不同的需要，準備這些「工具」乃是成人的使命。「我們為孩童預備的物品，便是成人懂得如何觀察孩童的體現。因此我們可以說，預備環境時，必須依據是否適合孩童來作為環境預備的指標。」[1]

在預備環境、使其完備的過程中，瑪麗亞．蒙特梭利觀察到一些先前尚未發現的孩童行為特質：

- 工作時的穩定性
- 服從
- 秩序
- 智能發展
- 安靜的能力
- 專注
- 自然地吸收文化

因此，這個環境勢必要是一個依循科學來預備的環境，也就是說，環境本身就是教育家和樹人者。環境對人的塑造和養成至關重要，特別是在教育孩童獨立、激發孩童勤奮和自制等方面。

在一九〇七年一月六日，瑪麗亞・蒙特梭利於羅馬一個貧民區開辦第一所「兒童之家」（她以這名稱取代通稱的「學校」），開始了一個科學教育學的經驗，如今已傳遍世界各地。歷經多年，這個教學法已經展現並持續顯示出瑪麗亞・蒙特梭利對孩童的獨到發現。我們可以說，蒙特梭利教學法揭示了孩童的興趣和需要[2]。

宗教教育的環境：善牧小室

和其他任何型態的生活一樣，宗教生活也需要有完備的環境才得以茁壯成長。我

1 Maria Montessori, *Manuale di pedagogia scientifica* (Napoli, Italy: Ed. A. Morano, 1935), p. 31.

2 為了深入研究蒙特梭利對環境的概念，建議閱讀《發現兒童》，及幼文化。*The Discovery of the Child* (Madras, India: Kalakshetra Publications, 1966).

們準備的環境要符合孩童至關重要的宗教需求。在那裡，他們能經驗宗教生活，也能瞭解滋養宗教生活的真實事物。這個環境我們稱為「善牧小室」（Atrium），它扮演著教室與教堂之間的聯繫。

瑪麗亞．蒙特梭利的願景，是在學校（兒童之家）的一處設立孩童的宗教教育專區[3]。她稱此專區為「善牧小室」，這個名稱源自於古老大教堂的內部聖所與街道之間的空間。它像是前廳或玄關（通常是露天中庭），信徒在進入教堂參加禮儀前，就在這裡進行身心靈的準備。

瑪麗亞．蒙特梭利知道，善牧小室的環境必須像在兒童之家或其他教育環境一樣，能夠促進孩童的獨立性、對自我和環境的掌握度，以及選擇適當活動的時機和能力。瑪麗亞．蒙特梭利把孩童自由選擇的活動稱作孩童的「工作」，並認為它就是孩童重要內在需求的表象。

然而，善牧小室的環境有它獨有的特質和目標，它莊嚴的氛圍有別於兒童之家或教室。孩童可以在如教堂般的環境中聆聽及默想福音的宣告，然後按照自己的節奏活出聖言。善牧小室與教堂的區別在於，這裡不僅是進行宣講和慶典之所，亦是孩童工作的地方。在這裡，孩童能輕易地將工作化為默想和祈禱。

善牧小室的環境設計、家具和教具的陳設，都是在幫助孩童工作。某種程度上來說，它就像是成人的避靜靈修中心，以完備的外在元素幫助避靜者專注與靜默。成人在避靜靈修中心能找到有助於默想和祈禱的書籍，而善牧小室給孩童的幫助則來自教理教具。

善牧小室的設計必須配合孩童的發展需求，並保留孩童自由活動的空間。家具的尺寸要適合孩童，教具也要讓他們拿得到且容易上手。整個環境都應該能引導孩童，並培養孩童工作的秩序及組織能力。

善牧小室中家具及教具的陳設，都是為了提示並引導整年課程中將會涉獵到的主題。「善牧比喻」（好牧人的比喻）的教具會放置於善牧小室（給三至六歲孩童）的中

3 瑪麗亞．蒙特梭利的第一個宗教教育實驗記錄在《*The Child in the Church*》一書中（St. Paul, MN: Catechetical Guid, Ed. E.M. Standing, 1965）第十一章，第21頁。

央位置，還要特別準備一個祈禱桌，並恭放聖經（關於祈禱桌的詳細介紹，請參閱第十四章）。

在善牧小室中，要設置一個領受洗禮的地方，以及一個放置小祭台的角落，還有祭器櫃，裡面儲藏了小型的聖祭用器皿。在迷你的耶穌聖嬰馬槽模型的兩側，是立體的以色列地圖。此外還有其他的教具，分別要表述天國的比喻、最後晚餐和彌撒中的手勢動作……等等。

引導者[4]向兒童依序示範教具，示範的態度要能啟發兒童自行操作，更要能突顯出兒童活動的次序性與明確度。態度一旦確立了，成人應該心懷尊敬地示範和使用這些物品，才能向兒童展示這些物品的適當擺放位置與使用方式。

善牧小室的活動從宣讀、默想聖言或禮儀開始，接著由引導者示範教具的操作方法。引導孩童掌握環境並選擇適宜的工作是很重要的。不要在一開始就把所有的教具擺出來，而是逐步適時地增加。

此外，環境的外在秩序也很重要：將教具長期、固定、用同樣的方式放置在同一個位置上，這對孩童的安全感是很重要的，也能幫助孩童充分利用環境。

瑪麗亞・蒙特梭利曾說過，確實，孩童「在進入兒童之家（在我們這裡，指的是善牧小室）以前，他的腦海中便已有了這個空間的影像」，也因此，孩童會經驗到一種「知道什麼東西要在什麼地方找到」的喜悅[5]。

家庭中的宗教環境

宗教情操的孕育，始於孩童生命早期的家庭環境。以下提供一些能在家庭中滋養孩童宗教生活的建議：

4 編注：引導者（catechist guide）為主日學老師／教理員的角色。引用了蒙特梭利教學法，在學校環境中，成人是一位「引導者」（a guide）。在善牧小室裡，真正的老師是聖神（聖靈），引導者則是引導孩童在靜默祈禱工作中，與耶穌發展相知相愛的親密關係。

5 Sofia Cavalletti, *The Religious Potential of the Child* (Chicago, IL: Liturgy Training Publications, 1992), p. 79.《與孩童一起體驗神》，啟示出版。

- 在給孩童哺乳或是孩童躺下時，家長可以在旁邊放置復活耶穌的十字架像或是聖母抱小耶穌的聖像。家長只要指著聖物，對孩童說出其名稱即可。
- 儀式的手勢或動作：例如，讓孩童看見家長劃十字聖號或是祝福食物是非常重要的。家長可以在靜默中緩慢而明確地做這些動作，有時也可以加上禱詞。
- 在給予孩童身體上的照顧（特別是給孩童服藥或敷藥）之後，家長可以給予孩童祝福。
- 在給嬰幼兒哺乳時，家長或家人可以在床邊祈禱，或輕聲詠唱聖歌。
- 家長可以在孩童臥房或是屋裡其他地方準備一個祈禱的空間。這個小空間可以像是善牧小室裡的祈禱桌那樣（有關祈禱的細節，請參閱第十四章）。晚上全家人可以在這裡一起做簡單的祈禱。孩童會喜歡這樣每天重複的儀式。
- 家長應該在孩童很小的時候就開始帶他上教堂，讓他去熟悉環境：人物、聲音、味道和司鐸的動作。坐在靠近祭台的位置，能幫助孩童看到祭台上的動靜並參與其中。彌撒禮儀進行時，家長可以簡單地說出禮儀中物品或時刻的名稱。年幼的孩童最好在聖道禮儀（宣讀聖經）之後再進入教堂，因為這個部分比較不容易瞭解，對他們來說時間太長。

以上只是一些簡單的方法，協助孩童參與家庭及教會的信仰生活，同時也能表達孩童自己的宗教特質和需求。

本章摘要

- 善牧小室是宣講和回應天主聖言之所。
- 我們可以說，善牧小室是以彌撒為中心。善牧小室的工作聚焦在孩童與耶穌善牧（好牧人）[6]的關係上，「感恩祭乃是人在生活中與耶穌關係最具體、最熱切的

6 編注：本書中的聖經名詞（包括章名、人名等）在每章首次出現時，皆以天主教、基督新教通用譯名對照的方式呈現，以便讀者閱讀。

時刻」。也因為這樣，「基督善牧臨在聖體內」的教具和「善牧比喻」的教具一起並列在小室中央。

- 孩童在善牧小室所操作的教具、所體驗的儀式慶典，就和他在教堂裡看到、經驗到的一樣。這包括了：

——按照教會禮儀年[7]的不同時期改變顏色。

——使用教會禮儀年不同時期所用的禱詞。

——以適合孩童的速度和能力舉行隆重莊嚴的禮儀慶典（例如，復活前夕的守夜禮，在善牧小室中我們只慶祝「燭光禮」的部分，如此一來，孩童的經驗才會更深刻）。

- 孩童在善牧小室的經驗，是他未來與成人分享教會禮儀生活的邀請和準備。
- 在善牧小室，孩童可以依照自己的能力選擇工作。
- 善牧小室是為了促進孩童的宗教生活而精心設置的。放置在小室內的教具及圖像有助孩童專心及思考，培養孩童默觀和沉思的能力。

善牧小室的環境設計需要花費時間與心力，但不需要花費大筆金錢。有時候，在意想不到的地方就地取材，便能創造出一間善牧小室。在義大利阿基洛的聖瑪利亞教堂（*Chiesa di Santa Maria in Aquiro*），那裡的本堂神父把教堂的一個倉庫清出來作為善牧小室，並且利用被丟棄的物品來擺設布置。還有一位修女，把修院的牛棚加以整修，做成善牧小室。在墨西哥的一個窮人區，人們則是自製磚頭蓋了一間善牧小室。

善牧小室也可以規劃在唱詩席（聖詠團／唱詩班的席位）或是車庫裡。此外也常有一種情況，就是在教堂騰出空間以前，先在信友家中設置善牧小室。善牧小室可以反映出主事者當地的文化、經濟和社會能力。

7 編注：如同華人在一年中，會以農曆年、端午節、中秋節……等節慶來紀念歷史中的人事物一般，天主教的信友們在每一年的生活韻律中，也以聖誕節、復活節、聖神降臨……等節慶，來紀念耶穌基督生平在世的一些重大事蹟，稱為「禮儀年」。

第2章

成人

迷你祭衣：顯示感恩祭的重要性及天主教禮儀四種主要顏色（白、綠、紫、紅），每種顏色各有其涵義。

我們已說過，成人的責任就是要為孩童精心準備環境。然而，如果引導者本身沒有妥善的準備，無論多用心預備環境也是白費功夫。有關這一點，瑪麗亞．蒙特梭利說：「我們為環境所做的準備，必須呈現出我們進入『教育者』（以我們的例子來說，就是『引導者』）這個身分態度的深度轉變。」[1]

環境與教具乃是教育的間接工具，它們無聲地跟孩童說話，啟迪孩童自由選擇個人的工作。環境和教具對成人也很重要，因為它們幫助成人自我節制，免得對孩童的工作做出非必要的干預。更重要的是，環境與教具讓成人讓出空間，好使真正的老師——即聖神（聖靈）——得以自由揮灑。

然而，只準備善牧小室的環境和教具是絕對不夠的，基督宗教是宣報好消息的信仰，所以除了準備環境之外，宣揚福音也是引導者的使命。此外，引導者要給環境和教具帶來生命，指導並引領孩童使用環境。為了維護孩童們的自主性與他們真誠的回應，引導者必須懷著敬意謹慎行事。

引導者的特質

瑪麗亞・蒙特梭利在她的著作《發現兒童》（*The Discovery of the Child*）一書中，優美地描寫了關於教師預備的事。她思考教師與孩童互動時必須具備的心態[2]，這些內容可以作為培訓引導者的原則。

瑪麗亞・蒙特梭利提高了科學家的典範標準：她擁有熱忱的專注力，並且放棄自我意識，以便觀察與探索自然。科學家的素養在於恆心與堅持的精神，而不是只有實驗工具或科學方法。科學家操練高度的耐力、不斷重複實驗，以等待可能會出現的結果。他們總是會發現事物漸形深奧，同時也因為發現自己在輝煌宇宙中的渺小，體會到他們所發現的奇蹟並不屬於他們，因而修練謙遜之心。

---

1 Maria Montessori, *Manuale di pedagogia scientifica* (Napoli, Italy: Ed. A. Morano, 1935), p. 31.

2 *The Discovery of the Child* (Madras, India: Kalakshetra Publications, 1966), Chapter 1, pp. 4-9.《發現兒童》，及幼文化。

顯然，超越器械與技能運用的科學家有種特別的心態，我們可以說，當其精神超越技術的使用時，才能被稱為科學家。對瑪麗亞．蒙特梭利而言，老師除了教學知識和方法之外，也必須備有科學家的精神，而這份精神是需要培養的。她在《發現兒童》書中如此說道：「我們要培育有科學家精神而非有科學技能的老師，培訓的目標直接導向精神，而不是技能。」[3]也就是說，重點是如何成為一個謙遜、有耐心的觀察者。

在瑪麗亞．蒙特梭利的另一本著作《小學內自我教育》（*Spontaneous Activity in Education*）中，她說：「缺乏耐心的人不會認識事物的價值，只重視自己的衝動和滿足。」[4]要克服沒耐性的狀態，需要實質的教育。一位老師想要達成複雜且具挑戰性的任務，謙遜與耐心是必要的關鍵。

瑪麗亞．蒙特梭利進一步說明她所謂「新教師」的特質：「她不再滔滔不絕，而應學會沉默；她不是授課，而是觀察；她沒有師道尊嚴、確信永遠正確，而是謙虛謹慎、甘當小學生。」[5]

如果謙遜與耐心在每個教育場域中皆是正確且必要的，那麼在宗教教育這一環更是重要。因為成人在這一環一無所有，既不擁有孩童的靈魂，授課內容也不屬於他——所有傳授給孩童的一切都屬於神，出自於神的美善恩賜，為使我們喜悅。

孩童是鮮活而不斷成長的生命，成人教育者被賦予特權，參與並協助這項創造的工程；然而，成人教育者不要忘記，在這項工程中，保留給他們的只有其中一小部分，甚至不是主要的部分[6]。

與孩童共享宗教經驗

一九五九年三月九日，在印度的新德里，喬斯坦（A. M. Joosten）在第二十三期

3 同上，p. 5.《發現兒童》第20頁，及幼文化。

4 *Spontaneous Activity in Educ ation* (New York, NY: Schocken Books), p. 132.《小學內自我教育》第85頁，人民出版社。

5 同上，p. 128.《小學內自我教育》第82頁，人民出版社。

6 Sofia Cavalletti, *The Religious Potential of the Child* (Chicago, IL: Liturgy Training Publications, 1992).《與孩童一起體驗神》，啟示出版。見第十二章。

蒙特梭利師資培訓課程的結業典禮中這麼說道：

我們絕對不可以把孩童強加塑型，連試都不要試，因為那不會是孩童自己的原貌。我們要協助孩童保留上主原創的面貌，而這個樣貌並不由我們決定。我們的協助是要促進孩童彰顯屬於自己和造物主的真實面貌，創生萬有的造物主愛所有的受造物。

解決教育問題的第一步應指向教育者，而不是孩童。教師必須願意捨棄成見和對孩童的偏見：

接下來的步驟就是預備一個符合孩子生活的環境，一個無阻礙的學習空間……成人必須把孩子需要、必要的事物給予孩子，去幫助孩子自己行動。假如成人做得不夠，孩子可能就沒有辦法順利發展；但如果成人做得太多，便可能會阻礙孩子的發展，使孩子的創造力無法發揮……老師應該保持引導者和指導者的角色，但只有在必要時才出現；讓孩子的個性循著自己的法則展現，演練行動的各項能力[7]。

所以，成人必須經歷自我蛻變的歷程。瑪麗亞・蒙特梭利博士建議，成人在與孩童互動之前，其前置工作是省察良心，承認自己的兩大罪宗——傲慢與憤怒。前者源自於高估自己在形塑孩童上的分量，後者則因為把孩童當作自己的所有物，當孩童沒有依自己的期待去回應時，就會燃起怒火。

在學習環境中，教育者／引導者必須清楚地知道與孩童關係的兩個基本要點：

- 成人身為協助者和引導者的角色
- 孩童的個人工作的重要性

7 Maria Montessori, *The Child in the Family* (Chicago, IL: Henry Regnery Company, 1970), pp. 114, 116.《家庭與孩子》第127－130頁，及幼文化。

教育者／引導者要以慎重的態度引導孩童的工作，在孩童能夠自行處理狀況時，讓孩童繼續做自己的工作。不幸的是，我們對孩童的能力經常判斷錯誤，因而在錯誤的時機加以干預，這便干擾了孩童的正常發展。因此，我們必須在孩童真正需要協助的時候才給予助力。我們要精進自己「看出孩童需要」的能力，即使孩童沒有以口語表達。

關於宗教教育的部分，聖言的宣講是最首要的。所以引導者必須知道如何暫停、旁觀，讓聖言直接在孩童身上做工。真正與孩童進行個別談話的，正是聖言中的聖神（聖靈），聖神才是真正的導師。

蘇菲亞．卡瓦蕾緹在她的著作《與孩童一起體驗神》當中寫道：「成人在向孩童宣講基督信仰的核心、與孩童一起聆聽、觀察孩童以確知他們的需要時，應隨時提醒自己是福音書中所說的『無用的僕人』。」[8]

「善牧教理課程」應該是成人和孩童共享的宗教經驗，孩童和成人一起聆聽天主聖言。既然成人的角色只是中介者，那他不僅要有求道者的態度，還得具有深度的謙遜和真誠的氣質。在處理關於孩童和神的親密關係時，引導者要清楚知道自己的界限，不能越界。

宣講聖言的方式必須要讓孩童與聖言直接接觸，但最重要的是，引導者需要秉持謙遜和敬意的涵養。

8 Sofia Cavalletti, *The Religious Potential of the Child* (Chicago, IL: Liturgy Training Publications, 1992), p. 52.《與孩童一起體驗神》，啟示出版。

第3章

教具

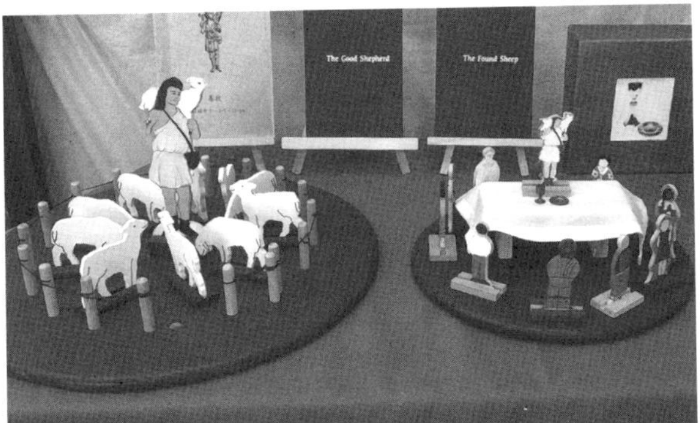

聖經中善牧比喻以及禮儀中耶穌臨在聖體聖血的教具。「善牧和羊」到「耶穌愛我們」的神聖關係。

一個完備環境中的教具，不是老師的教學助教工具，也就是說，不是老師的課程內容或呈現課程的助教工具。這些教具是為了孩童的個人工作而設計的。

在蒙特梭利的兒童之家裡，備有為了發展兒童感官知覺、使其更加敏銳的感官教具。這些教具都是具體的物件，各有其特質，如顏色、形狀、尺寸、觸覺質感、聲音、重量、溫度等等。它們引發孩童的興趣，使孩童從事自由選擇的工作。

感官教具引導孩童對整個環境有全面性的認識，讓孩童們能夠分門別類地整理他們所吸收的印象，如同字母使我們能夠閱讀一樣。所以，感官教具也引導孩童主動、自發地工作，經過重複操作而進入專注的狀態。我們也為小學生設計可以幫助他們抽象思考的教具，協助孩童發展人格、習得文化。

善牧教理教具

善牧教理教具的功能不在於概念的養成，而在於與「真實人物」（a real Person）

相遇。所以我們可以說，孩童使用這些教具，並不是要導向理念、觀念的學習，而是進入祈禱。它們不僅是助學工具，也是養成宗教生活的幫手，即是宗教信仰生活本身。

教理教具把在善牧小室宣講的聖經和禮儀中的宗教意涵具體化。透過這些教具，把宗教意涵轉化為孩童可碰觸和可見的實物，幫助孩童吸收其內容。

我們說過，教具和完備環境對成人也有所助益，能讓他們謹慎、虔敬地肩負起僕人的角色，同時確定孩童們的獨立自主，激勵他們的個人工作。

首先，引導者宣講聖言，再簡短示範教具的正確使用，之後指導孩童將教具放回原處，接下來，孩童便可自行選擇在善牧小室中已被介紹過、自己想操作的教具。通常孩童不需要成人的直接協助，而會用自己選擇的教具獨立工作。所以，教具可以為孩童提供他與「真正的導師」內在交談的機會。

在完備的環境中，孩童可以自由選擇自己的工作，不只如此，他還會展現出「選擇適合自己成長階段所需教具」的能力。孩童會隨意、多次地重複操作，且表現出深度的專注和靜默。這樣一來，便達成了主動性的自律。在這樣的時刻，宣講的聖言會內化於孩童的內在，成為自己的一部分。

舉例來說，引導者可以這樣示範善牧（好牧人）的比喻：

- 引導者簡單介紹比喻，引導孩童聆聽主題，同時邀請他們聆聽聖言。
- 引導者點起蠟燭，鄭重地誦讀聖經。
- 引導者介紹教具，重複誦讀聖經的同時，配合經文中描述的情況與動作，簡單地移動人偶、模型。
- 引導者請孩童反思經文內容，並以祈禱作為回應（進行的時候必須謹慎、敬虔，誠於衷，形於外，不得強求任何特定的回應。的確，引導者知道靜默通常是最深沉的回應）。
- 然後，引導者指導孩童如何收拾教具，並歸回原位。
- 每當引導者邀請孩童工作時，通常孩童們（甚至是最坐不住的孩童）會自己和同儕分開，以便專注於自己選擇的工作。他們表現出非凡的平安、喜悅，並且常能持續長時間的工作。有時候，他們會自發性地做出評論或宣告，把自己的生活和在善牧小室中的經驗連結在一起。例如，善牧可能使他們突然憶起他們的親人，或是他們所愛的和關愛他們的人，例如父母、兄弟姊妹或是朋友。

教具除了協助孩童接觸偉大的宗教意涵，也邀請、鼓勵孩童進行動作的控制。在善牧小室開學之初，工作的示範專注於「命名」（分辨並說出名稱）和肢體活動。透過瑪麗亞．蒙特梭利所說的「日常生活練習」，向孩童介紹環境中的物品，交待他們照顧自己和環境的簡單任務。同時，也教導他們如何在善牧小室內移動、坐下、拿取物品、把東西放回原處等等。

引導者也示範簡單的社交方式，或是瑪麗亞．蒙特梭利所謂的「優雅與禮儀練習」。關於祭台模型的示範，一開始是說出彌撒用品的名稱，並且邀請孩童自己擺設祭台，在這個過程中，可以經驗到動作控制。

學習如何掌控自己的肢體，對幼童自信的成長和專注力的養成來說，是很重要的一步，這兩種能力與祈禱的能力相關，必須要平靜、自在，才能專注地聆聽神。宗教經驗是孩童的深度需求，也涉及整個人的投入。重要的是，幼童不僅要透過聖言和禮儀的示範，也要經由他們自己的肢體動作和手勢，才能吸收宗教內容。

大體上而言，在善牧小室中，每種教具都僅限一組：例如，一組善牧比喻的教具、一組聖母領報立體模型等。這樣的設計是為了讓孩童體驗團體生活，讓他們有機會學習等候、考慮其他的選擇，同時學習彼此分享。

然而也要注意，不能為了其他孩童的使用，而催促幼童或施加壓力讓他停止正在進行的工作。學年開始時就要設定簡單規範，每個孩童都要等到使用教具的人完成工作、把教具送回原處之後，另一個人才可以去拿來工作。他們必須等候，這段時間可以在旁邊觀摩，或是去做其他的工作。

所以，要確保在善牧小室的孩童隨時都有足夠的教具和工作可以操作。小室中的工作包含：日常生活練習的多樣活動（插花、摺布、擦拭）、藝術工作（繪畫、上色）

和手工製作（貼工、描圖），要滿全這些條件並不困難。

善牧教具的特質

任何一個放置在教育環境（在這裡，即為善牧小室）中的物件，都會影響孩童的身體、心理、智能和靈性的養成。所以，所有在小室裡的人、房間的安排、家具、教具都各司其職，直接或間接地協助（或阻擋）孩童發展階段的自我控制、專注、推理和省思。

在善牧小室內，為了給孩童使用而準備的教具，其用途是要促進默觀和祈禱。誦讀聖言或禮儀之後，引導者示範相關教具的使用方法，並邀請孩童著手進行工作。孩童們操作教具時，不僅使用感官或頭腦，同時也讓他們接觸到真正的老師——聖神（聖靈）。聖神對孩童們訴說靈性的真理，那隱密的「超越的實相」（transcendent realities），並且召喚孩童進入與神之間更深刻的關係中。

禮儀的標記把超越的實相「具體化」，例如聖體聖事（聖餐禮）中的餅和酒，是基督真實臨在的「標記」。洗禮中的水，則是神給我們新生禮物的「標記」，也就是復活基督的新生命。引導者的其中一個使命，是協助孩童學習閱讀「標記」，幫助他們去感知、領悟藏在具體物質「標記」內的超越實相。教理教材的設計是依據禮儀中「標記/象徵的方法」（the method of signs），關於這一點，蘇菲亞・卡瓦蕾緹在《與孩童一起體驗神》中談論很多[1]。

善牧教具運用了一項特別的蒙特梭利原則，就是「困難度的孤立」（isolating the difficulties）原則。意思是說，每樣教具只專為一個特定的神學主題而設（不可以同時好幾個主題）。例如，洗禮的示範只專注於呈現復活蠟和白袍的象徵意義；聖祭禮中呼求聖神的示範，則是要突顯司祭張開雙手向下，呼求聖神降臨。

任何用來宣講基督信仰的教具（無論是取自於聖經或是禮儀）都必須非常明確，也必須與宣講的內容緊密相關。就像引導者的課程陳述也必須簡單扼要，只專注於一部分的神學或信理，不要貪多；同樣地，教具也要簡單扼要，只限於那些需要強調的元素和信理內容。例如，耶穌童年敘事（聖母領報、聖母訪親、誕生馬槽等）都有各自的立體模型。

如同口頭授課一樣，教具也只展示重要的宗教內容，無須附加元素或多餘的點輟。因此我們可以說，教具必須非常客觀，進一步說明，就是教具必須做得可以直接跟孩童對話。

原創教具並非出於成人的想像，也不是成人發明或創作的，即使這樣的教具可能激發成人的興趣。然而，真正的教具必須能向兒童說話，能召喚孩童去工作，並且觸及孩童深切的渴望。孩童親自操作教具的工作，是一段發現、克服、邁步向前的自我養成的經驗。

引導者選擇教具時，必須認真謹慎，關注每個細節，包括顏色、質地、形狀的協調等，以便引發孩童的興趣。教具的每個層面都能協助孩童的工作，激勵孩童的重複

1 Sofia Cavalletti, *The Religious Potential of the Child* (Chicago, IL: Liturgy Training Publications, 1992). chapter 10, pp. 158-167.《與孩童一起體驗神》第十章，啟示出版。

和專注。例如，任何傾倒液體的器皿，尺寸必須符合孩童的手，不可以過重，要有瓶嘴，孩童才能順利地慢慢倒出液體。

要如此細緻地預備或選擇教具，聽起來似乎有點過分，然而這些細節卻可以協助孩童專注於示範中的教義內容。例如，在示範聖祭禮時，使用一個中型的玻璃聖爵、一個小型的玻璃盤，以及紙製的麵餅模型，這個示範的直接目的是突顯手勢動作的禮儀標記。

引導者緩慢且安靜地把張開的雙手手掌朝下，對著聖爵和聖盤，然後邀請孩童「說出」標記：手勢從哪裡開始？手是怎麼動作的？其意義為何？透過手勢本身，孩童開始「看見」降臨在祭台上的聖神。

這個示範也為後續的其他示範鋪路，持續滋養孩童深藏的認知能力，認識神給予我們的最大禮物：透過聖神的力量，以餅酒形象臨在於我們中間的耶穌善牧。

關於聖祭禮這一部分的示範，聖爵內不必有實物。孩童已經知道在彌撒中聖爵內有酒（在善牧小室中，彌撒的其他工作示範會使用真正的紅酒）。因為幼童處在動作的敏感期，把酒倒入聖爵中的動作會使他們分心，因而錯過聖祭禮的主要動作——呼求聖神的手勢。

從另一方面來說，紙製的聖體（聖餐）模型並不會讓他們分心，反而是聖祭禮的示範中簡單又具象的提示。這裡最重要的是我們要協助孩童去看、去學習「閱讀」彌撒中的手勢和動作。彌撒的手勢動作告訴我們：神是誰，以及神與我們的關係。

繼「困難度的孤立」原則之後，蒙特梭利的第二大原則是「錯誤控制」。整個環境和特製教具兩者都必須協助孩童看見自己的錯誤，並且學習自己修正的機會。例如，使用玻璃物品（而非塑膠製品）是因為如果沒有小心拿取，就有可能會破掉。使用淺色家具，是為了讓孩童看見汙垢，進而去清理。如此一來，「錯誤控制」便能啟發孩童關照、推理的能力，並能養成責任感，間接地塑造道德人格。

和蒙特梭利的感官教具或教學教具不同，教理教具「錯誤控制」的部分很少，它最重要的是忠實於所宣講的信理。確實，教具所傳達的訊息或孩童內在的共鳴，都不需「錯誤控制」。

最後，很重要的一點是，引導者應該盡量自己製作教具。自己動手製作教具，是引導者更深刻體會教給孩童之主題的主要管道，使我們緩下速度去配合孩童的節奏，同時促使我們更能感知聖神。此外，製作教具也是能讓成人經驗「手、腦、心三者並用」的無價好機會。

第4章

三段式教學

耶穌誕生、牧羊人來朝拜、賢士來朝：基督誕生的奧秘，分別以三個主題示範給孩童。

何謂「三段式教學」

「三段式教學」（The three-period lesson）是瑪麗亞・蒙特梭利早年經由與孩童的接觸經驗而編定的教學方法，為兒童之家所通用[1]。我們在教理教學上也會採用，因為它尊重孩童心理發展成長的階段。

那麼，為什麼是三段式？因為學習有三個時期。下面以示範彌撒用品時「命名聖爵」（分辨並說出聖爵的名稱）的例子，來說明如何運用「三段式教學」。

◆第一段教學：感官認知物件，將物件與其名稱連結起來

- 我們把物件交給孩童時，說：「這是聖爵。」
- 然後，界定物件的用途：「它在彌撒中用來盛酒。」
- 我們省略冠詞，清楚地複述物件的名稱：「聖爵。」
- 我們得小心不要多說，因為重要的是在孩童意識中產生物件與名稱的連結。

◆第二段教學：指認與名稱相對應的物件

- 讓孩童看一些彌撒用品的模型，然後問孩童：「哪個是聖爵？」
- 我們之所以提供物件名稱，是要協助孩童「指出」該物件。此時，孩童已把名稱和物件做出配對。
- 第二段教學中，在配合物件與名稱的練習上要花費很多精力。在展示祭台模型或孩童自己在設置祭台時，會有很多機會重複問同樣的問題。經由重複進行物件與名稱配對練習，孩童能夠學會物件名稱，並牢記在心。
- 引導者要敏銳地認知到孩童是否已經吸收示範的內容。如果在「命名」時孩童不能立即指出物件，對引導者來說，就是暫停練習的徵兆。不要在當下糾正孩童，而是另找時間重複第一段教學的練習。

1 Maria Montessori, *The Discovery of the Child* (Madras, India: Kalakshetra Publications, 1966),《發現兒童》第十二章，及幼文化。

◆第三段教學：說出物件的名稱

- 把東西放在孩童面前，問：「這是什麼？」
- 如果孩童可以立即回答，證明他已吸收並有了某種程度的熟練度，也表示第一段和第二段教學的目標已經達成。
- 在進入第三段教學之前，引導者要等待並確定孩童已經能夠正確回答。如果孩童有所遲疑，成人便重複第一段和第二段教學。通常，要達到第三段需要較長的時間。

切記，每個人學習的成熟度都不同，切勿過早進入第三段教學。如果我們太快問孩童：「這是什麼？」我們可能會羞辱到尚未能夠正確回答的孩童。

成人會不自覺地對還不會說話的孩童進行三段式教學。例如，每當母親對孩子說：「這是你的鼻子。」、「你的鼻子在哪裡？」她就是在執行第一段和第二段教學。她在教她的孩子認識某個物品和其名稱。雖然孩童還不會說話，但孩童會把物品和名稱做出連結。

三階段的相互關連性

這個三段式教學幾乎對所有的示範都非常重要，甚至對超過六歲的孩童也是，它的使用範圍也不限於命名法。另一個看待三段式教學的方式，就是三個學習階段之間的相互關聯性：

- 第一段教學：個體與主題的第一次接觸。
- 第二段教學：個體投入活動當中，或從某個層面來說，是個體與主題有所互動，促使個體對主題的吸收，同時助益腦部的記憶。
- 第三段教學：個體對主題有某種程度的掌握，主題變得夠清晰，且似乎成為個體的一部分，可以自由談論，甚至可以和他人對談主題。

在善牧小室中，我們隨時可以看見這種三段式的教學法在進行。第一段教學就是，我們讓孩童接觸他們所在環境中的某部分，或是基督宗教信仰中的某主題。宣講聖言或禮儀時，我們提出默想問題，通常這些問題不會在當下回答，但那卻是邁向第二段教學的開始。孩童開始思考或是與主題互動。在示範之後，孩童選擇的善牧教具，便是他進入第三段教學的入口。

孩童達到第三段教學的徵兆，通常表現在他們的藝術作品上，或是他們自發性冒出的評語中。此外，有趣的是，當孩童進入第三段教學時，他們也會有統整能力，並在事物之間做出連結，也能看出主題之間的關連性。

乍看之下，三段式教學似乎是無趣的教學技法，然而並不是如此。就如同瑪麗亞·蒙特梭利所指出的，對三到六歲的孩童來說，三段式教學是學習命名非常有效的方式，且能達到預期的成果。除此之外，如果我們想要孩童確實瞭解我們示範的主題，三段式教學提醒了一件重要的事：所有的溝通都需要簡單扼要，包括跟高年級的孩童溝通。

我們需要長話短說，客觀地傳授主題，避免添加自己的反思或其他綴語。孩童的本質要求我們這份自律。瑪麗亞・蒙特梭利說：「導師要避免給太多，但也不能忘記要給必要的。過多或不足是導師經常犯的兩個錯誤，中庸則能使他變得更完美。」[2]

2 同上，第十二章，p. 209.《發現兒童》第270頁，及幼文化。

第
5
章

教理中心的組織

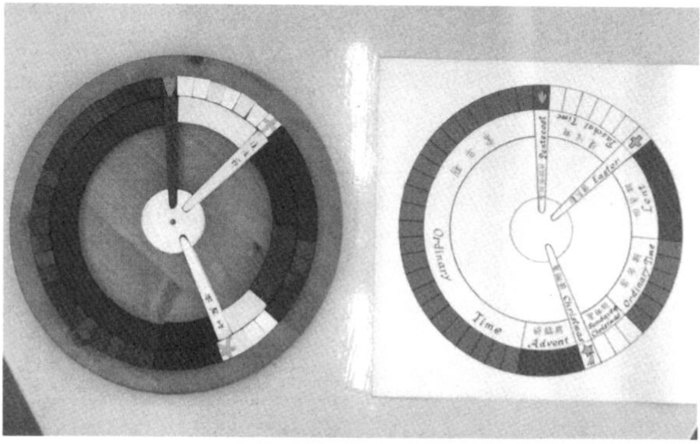

禮儀年曆：為孩童介紹主要的慶典，包括聖誕節、復活節、聖神降臨節，以及相關的準備、慶祝和成長。

各個教理中心有其相似之處，即其完備環境必須尊重兒童的發展需求，但因地方文化和經費資源的不同，也有其相異之處。

然而，從我們在義大利不同中心工作的經驗中發現，有某些超越文化、空間和經濟資源的一致性元素，能幫助引導者為孩童預備一個特別的環境。引導者創造實體環境，但更重要的是引導者必須創造一個靈性環境，以幫助置身其中的孩童和成人能敏銳地感知到神的臨在，並勤以回應。

善牧教理中心的環境被稱為「善牧小室」，它不是學校，而是宗教經驗的所在地，是孩童和成人一起分享宗教經驗的處所。在那裡，成人的任務是準備環境，協助孩童在環境中的工作。此外，所有參與教理工作的成人，經過個人能力、興趣、培訓和經驗之評估後，各司其適性之職。

依照孩童們的發展階段，分為三歲到六歲、六歲到九歲、九歲到十二歲的團體，並因此決定每組適合的空間，除此之外，引導者要在善牧小室的學年開始之前，試著認識孩童的父母。這對孩童在善牧小室的經驗會有助益。

家長需要被協助，以便瞭解孩童在善牧小室的經驗，也瞭解孩童與神之關係的本質和其重要性。要達到這個目標的最佳辦法，是定期舉辦家長研習工作坊，學習一些跟孩童在善牧小室中所接受的同樣示範，並定期召開家長會議。

通常，孩童在回家後會反思自己在善牧小室所聽、所做的工作，而家長卻無法給予恰當的回應。所以，我們會跟家長分享孩童如何在善牧小室中發展屬靈的豐富性，如何在有序和信任的氛圍中展現自我，特別是透過孩童自己的工作。我們也會建議家長，孩童規律出席和準時抵達善牧小室的重要性。

最後很重要的一點是，和家長的溝通，必須要跟善牧小室的活動時間分開，這樣一來，孩童們會知道當他們來到善牧小室時，就是屬於他們的時間，引導者也為他們隨時待命。

一旦孩童在善牧小室安頓下來，工作也上軌道，便可邀請家長進入小室觀摩（一次一位）。事先給家長心理預備會有所助益，尤其鼓勵家長盡量低調，不要干擾自己孩子和其他兒童的工作。

引導者在與家長和教堂相關人員協商後，制定善牧小室的年度行事曆。善牧小室學年開始之日，要盡量避開孩童們學校的開學日，因為他們在不同的環境中需要時間安頓。

同時，善牧小室的時間不要與家人一起參加彌撒的時間衝突。例如，如果教堂善牧小室的活動是在主日，有兩件事必須考量：(1)善牧小室的時間必須在孩童與家人一起參加聖祭禮之前結束；(2)孩童在善牧小室的時間，要比在聖道禮儀還長，實際上來說，如果善牧小室活動在主日早晨，就得在彌撒之前提早開始，理由是孩童在善牧小室中至多需要兩小時才能完全投入自己選擇的工作。因此，善牧小室的活動可安排在週六或是週間其他天的下午。

引導者存有孩童的個人檔案，包括姓名、年齡、住址、家長姓名和電話、緊急連絡人，或其他有助於引導者應對孩童所需的資訊。引導者要在課程中記錄孩童說出的評論，特別是在善牧小室進行自己選選的工作中所冒出的話。

在學年中，引導者要比孩童先行抵達善牧小室，整理環境、檢查教具、確認善牧小室的秩序和平靜，這也是引導者全心全意向孩童和神示範工作的預備。房間、家具的安排和擺設都要能容納孩童在環境中的自由行動，教具要完整且有相當好的維護，如此才能邀請孩童來工作。此外，每個教具放置在教具櫃上的固定位置，不得更換，除非孩童的工作有特別的需求。

安排時間讓引導者和助理老師能在每次善牧小室活動結束後會談，讓他們分享該日善牧小室活動的評估和反省、慶祝當日的經驗，同時策劃下次的善牧小室活動。

如何開始孩童團體的活動

首先，需要協助孩童們：

- 認識、熟悉環境，使之成為自己的地方。
- 練習專注且有節制的動作（對年幼的孩童尤其重要）。

• 正確使用物件和教具，以便在工作中達到獨立運作和專注狀態，同時學習尊敬他人的獨立與專注。

如果幼童人數太多，我們可在前三、四週每次只限四或五個孩童到善牧小室。等到個別小組適應了環境，才邀請全體兒童同時進入善牧小室。

此外，幼童可縮短活動時間到四十五至六十分鐘，然後逐漸增加到一百二十至一百五十分鐘。要讓孩童完全進入善牧小室的「節奏」需要更長的時間，這個節奏包括：集合、安頓、簡短宣講（基督信仰宣講時間）、長一點的工作時間、孩童不慌不忙收拾東西和整理環境的時間、最後集合大家一起唱聖歌與祈禱結束一天。

從第一次集合孩童們就要設定行為規範，這是很重要的，例如在善牧小室如何說話（輕聲細語）、走動（小心不干擾他人）等等。在善牧小室內的規範不多，但要堅持遵守。在一個要與神相會的特別場所，要求特別的行為規範和彼此互動方式，對孩童和成人應該不陌生。

我們要在一開始就正式向兒童示範這些行為，之後當孩童習慣了環境，能自動、自主地操作自己的工作時，這些行為模式會成為孩童的第二天性。

在善牧小室的前方中間，並沒有放置引導者用的大椅子，倒是有張和孩童桌一樣尺寸的小桌椅放在合適的地方，方便引導者觀察孩童，也讓需要協助的孩童能容易地找到引導者。

每次孩童來到善牧小室，都會有基督信仰的宣講，一般的習慣是，每次孩童都自己搬椅子圍成圓圈而坐（如何搬動椅子是初期的動作課程）。遇到隆重慶祝或特別課程時，孩童們會發現椅子已經排好了！

在進行個別或小組的示範時，孩童會聚集在引起他們興趣的教具旁（例如祭桌模型或領洗區），其他的示範（例如耶穌童年敘事、天國的比喻等）則需要引導者先把準備好的教具放置在桌上。對於個人工作，幼童喜歡在小桌子（個別桌的尺寸）或是鋪在地面的小地毯上進行。因此，善牧小室的規範之一就是走動時要小心，避免干擾其他孩童的工作。

最後，幼童團體開始活動時，我們特別專注於以下三方面：動作控制、日常生活活動與靜肅練習。在蒙特梭利的兒童之家中，這些是根本的練習，讓孩童的內在自我與外在實體得以處於和諧的關係中。此外，孩童可以在善牧小室中覺知到控制身體、自我完美，以及與他人和諧共處的能力，這將直接影響他們與神的關係。

在蒙特梭利兒童之家所屬的善牧小室中，孩童不需要這三方面活動的正式示範，因為這些練習本來就是孩童學校生活的一部分。再者，注意這件事是很重要的：在善牧小室中，孩童們似乎可以將他們平日在蒙特梭利環境中的所見所學，發掘出更完整的意義，也展現得更滿全。

由於動作控制、日常生活活動與靜肅練習，我們有更多機會來觀察孩童，且能分辨如何更適當地協助孩童們各自不同的成長發展。此外，在創造善牧小室的環境、孩童們的工作、專注、沉思和祈禱的整體氛圍上，這三方面的練習都扮演了很重要的角色。關於動作控制、日常生活活動與靜肅練習的重要性，本書會另闢章節來闡述。

第
6
章

歡迎兒童

迷你移動式的耶路撒冷城：在四旬期幫助孩童瞭解，
耶穌逾越奧蹟皆發生在真實的地理和歷史古蹟中。

第一次會晤

跟孩童一起工作時，很重要的是從起初就要有正確的開始。引導者已經認識了孩童和其家人，也為孩童精心準備好環境，同時自己也有所準備，要在善牧小室裡與孩童和神同在。以下的建議，是為了在善牧小室的第一堂活動，協助孩童習慣善牧小室的環境，同時為善牧小室孩童團體的建構做準備。

如果可能的話，我們可以在善牧小室外面不遠處選一個空間，在這裡招呼孩童，請他們先在這裡就坐。在等候其他兒童陸續來到時，我們可以和已經到達的孩童談話，以促進彼此的認識。在這段時間中，我們同時邀請孩童整理一下自己的儀容（雙手潔淨、頭髮梳好、鞋帶綁緊等），這些「自理能力的優雅禮儀」不一定非有不可，但它強調出與神相遇前奏的重要性。

我們向兒童說明他們所到的地方是善牧小室，並把這裡定義為「特別準備以便更加認識神的地方」。

引導者悄聲呼喚每個孩童的名字，邀請他們進入善牧小室，並選一把椅子坐下（我們可以給孩童們示範如何輕輕搬著椅子圍成圓圈，或是我們提早把椅子擺好）。當大家坐定後，我們向孩童介紹善牧小室內的其他地方，例如祭台模型、領洗區、地理區和耶穌童年敘事區（認識小耶穌誕生）等。我們特別強調祈禱桌的區域。接下來，繼續介紹善牧小室：「我們為什麼來到這裡呢？」、「在這裡，我們要做什麼？」可以談論神、聆聽神、工作、唱歌和祈禱，這些都是我們在這裡會做的事情，同時使我們更加認識神。

在第一次的會晤中，我們繼續示範在這個特別場所的活動方式，孩童每次進到善牧小室時，我們都要做些示範，尤其在初期的前面幾週。這麼做的目的在於協助孩童們熟悉環境，好讓他們舒服自在地置身其中。第一天一定要介紹：如何輕聲細語、緩慢小心走動、如何彼此問候、哪裡可以取水和上廁所等等。

在善牧小室的大部分活動，結束之前大家都會聚在祈禱桌旁。視團體的穩定度，第一天可以大家一起準備祈禱桌，簡單地帶著物品行進至祈禱桌，這些物品包括：適當顏色的布（這個時期通常是綠色，因為善牧小室年度課程始於常年期，先於降臨期）、聖經、蠟燭，或許有聖像和一些花。

我們在祈禱桌上點起蠟燭，或許也可以誦唸一小段〈聖詠〉（詩篇）。靜默片刻，祈禱並唱一首聖歌，然後彼此道別，孩童回家。

解散的時候也要以安靜和有序的方式進行，與其他善牧小室活動一樣。引導者可以在祈禱桌和孩童一起唱歌，每當有家長抵達，助理引導者便輕聲地告知引導者，由引導者允許孩童離開。這種解散方式是比較被採用的，這樣可以避免孩童因為家長遲到而坐立不安。另一種方式是引導者帶著所有孩童到家長接送的地方。

我們說過，這些程序能夠幫助我們跟孩童展開更好的工作，我們會驚訝於孩童多麼善於自律，並因其自律而喜悅。

從第一天起，我們所要求的行為規範都有助於創建一個適合沉思與祈禱的工作氛圍。我們可能察覺到，後續的幾年，我們都不再需要教導這些行為模式，因為那些已適應環境的孩童們會自然而然地教導新來的孩童。

動作練習

動作練習（也稱為動作控制的活動）協助孩童們更能控制自己的身體，以及正確地使用環境中的物品。在善牧小室開學前面幾週，引導者可以示範以下的活動：

- 如何搬動椅子
- 如何坐下
- 如何攤開地毯和捲起地毯
- 如何繞著地毯走（地毯上可能有其他兒童在工作）

引導者要放慢速度，特意示範這些動作，話不要多。目的是讓孩童清楚看到動作，以便孩童可以自己重複操作。如果示範得好，孩童就會對這些動作產生興趣，並且喜歡這些動作。這些動作除了協助孩童獲得獨立自主的能力和自信外，也能幫助孩童養成使善牧小室團體順暢運作所需的行為模式。引導者需要依據善牧小室的空間和社交品質，來決定特定的動作方式。

瑪麗亞．蒙特梭利在《蒙特梭利幼兒教學法：讓孩子自我成長》（*Manual of Scientific Pedagogy*）書中如此說道：

教導如何移動是教室中孕育紀律和秩序的鑰匙。我們教愈多動作，就愈容易達到讓兒童有序活動的目標。所以讓教師盡量教導日常生活中的動作，例如搬動椅子、起立坐下、撿起或放下物品、小心地收集並歸位散落的物件、把物品交給別人、開門、讓路等等[1]。

動作練習可以幫助心智和肌肉和諧地連接起來，讓孩童為能自我控制、擁有自由意志與自發服從的能力做預備，並以此達到專注和默想，這就是祈禱的基礎。所以動作練習對孩童有極大的幫助。

我們千萬不要把動作練習詮釋為只為訓練紀律和維持教室內的秩序而已，其實這些練習與孩童內在對秩序感的深層渴求相吻合，帶給孩童自主感和自信，並且驅動孩童重複練習，以達到更深入的專注。

若想更進一步理解動作練習的重要性，建議各位閱讀瑪麗亞・蒙特梭利的著作，包括：《童年之秘》（*The Secret of Children*）第十五章〈生命的律動〉；《發現兒童》（*The Discovery of the Children*）第六章〈動作教育〉；《吸收性心智》（*The Absorbent Mind*）第十三章〈一般發展中動作的重要性〉。瑪麗亞・蒙特梭利在以上的章節中多次強調，在孩童心理建構與人類社會生活中的孩童發展等方面，「動作」具有多大的重要性。

在宗教培育中，動作控制的重要性，可以透過在善牧小室中祈禱的孩童來表達：「我的身體很開心！」其實，我們成人也需要控制我們的動作和手勢，尤其是為了祈

1 Maria Montessori, *Manuale di pedagogia scientifica* (Napoli, Italy: Ed. A. Morano, 1935), p. 59.

禱時能專注與保持中心。所以動作練習對我們也有助益。

日常生活活動

孩童時常會帶花來善牧小室，我們可以善用機會教他如何插花，放在祈禱桌上，或是在善牧小室選個合適的地方放。插花就是瑪麗亞・蒙特梭利所謂的「日常生活活動」之一，這些活動包括照顧自己和照顧環境。

在蒙特梭利的兒童之家中，兒童花費相當多的時間從事日常生活活動，這些活動提供兒童運用心智的機會，呼應孩童對動作、秩序和獨立性的需求。因此我們成人千萬不要認為，日常生活活動只是協助孩童負起「保持良好環境秩序」的責任而已，而是要瞭解，日常生活活動滿足了孩童內在深沉的需求（特別對幼童而言，更是如此），同時也與孩童的宗教生活有直接的關連。

知道如何正確使用物品、如何移動物品、如何照顧自己的環境等動作，共同達成了不只是純粹身體功能的目標。動作練習和日常生活活動兩者皆滋養了孩童的完整性，孩童開心地做這些活動，他們用整個自己經驗宗教生活。

我們都曾注意過，幼童是多麼想要隨時插手成人在做的事。為什麼？因為這些活動本來就是每個孩童誕生以來日常生活的一部分，就如同孩童吸收語言一樣，也會吸收他周圍的文化活動，尤其是家庭裡的活動。

孩童在一歲或二歲時，便已開始觀察和吸收這些日常生活活動，也開始懂得某些物品的意義和功能，也會把人和其使用的物品串連起來，甚至幼童也會稍微掌控自己的動作，嘗試參與家庭活動。

孩童開始不安於只做個活動的旁觀者，現在他的內在有股難以抗拒的衝動要去做這些活動，以回應其內在的強烈需求。為了滿足重要的內在成長發展，孩童會重複操作，完成任務。在執行任務、重複操作、完成任務的過程中，孩童建立了內在的安全感。每當成人阻擋、中斷或干預孩童工作，成人就妨礙了孩童的正常發展，所以成人的工作是去創造適合孩童發展的條件。

當孩童持續吸收環境時，他開始努力模仿成人，逐漸有掌握環境的能力。在《吸收性心智》中的〈發展與模仿〉這一章，瑪麗亞．蒙特梭利說：「重要的是，在會模仿之前，兒童必須妥善準備，而這種準備來自於他已付出的努力。」[2]

孩童從事日常生活活動，並不只是因為這些是有用的活動，而是透過練習，兒童經驗到因獨立自主的提升而得到的滿足感，並讓智能、意志力和動作獲得協調統整。經由反覆練習，這些活動間接地協助孩童強化與發展動作的協調性，孩童想要也需要做這些活動，甚至更想自己去做，因為活動本身就是工作的目標，而工作本身的目標就是獨立。孩童有對獨立的渴求，所以會間接、甚至無聲地請求我們：「請幫助我，讓我自己做。」

日常生活活動不限於家務事（例如打掃或其他協助日常生活的家庭內部工作），日常生活活動具有更廣泛的目標，也就是為他人提供服務的工作。原則上我們可以說，人類的工作不是只為了生存和身體健康，對有信仰的人而言，工作超越了工作本身，變成了一種服務——為神服務。

瑪麗亞．蒙特梭利回憶起在巴塞隆納第一次的兒童宗教培育課程，她說孩童在宗教環境中從事日常生活活動時，表現出嶄新的尊嚴和喜悅，似乎在那個特殊的環境中，他們為自己平常在學校練習的活動找到了意義。

日常生活活動的示範

首先，引導者告知兒童活動名稱（倒水、擦灰塵、清理樹葉等），然後緩慢且刻意地做出動作。引導者盡量少說話（或甚至不說話），避免同時使用口語和手勢這兩種語言來混淆兒童。

如果是向一群兒童示範，可以邀請二至三位孩童在其他孩童面前重複做動作，之後，每個孩童都有機會在個人工作時間內，盡情地進行重複動作的練習。引導者不

2 *The Absorbent Mind* (New York: Holt, Rinehart & Winston, 1967), Chapter 15, p. 159.《吸收性心智》，及幼文化、桂冠出版社，第十五章。

會為了糾正錯誤而干擾孩童工作。當引導者注意到孩童一直做錯，才會詢問：「你知道怎麼做嗎？」孩童甚至很可能不知道如何回答，引導者可以另找時間，以清楚、俐落、不間斷的動作再示範一次。

顯然，我們無法邀請所有兒童在同一時間內進行同樣的活動，孩童能夠藉此學到每個人的任務不同，進而學習選擇自己的工作。

示範實例：把花插在花瓶裡

材料：如果在環境中沒有花藝專用的工作桌面，那可以準備一個可放置以下物品的托盤，工作時可以拿到工作桌上。這些物品包括：

- 一塊小桌子尺寸適用的塑膠布
- 一些孩童可選用的小花瓶

- 一壺水
- 一個小水盆（最好是透明玻璃製的）
- 一支漏斗（用以將水倒入小花瓶中）
- 一把好用的剪刀
- 一條小毛巾
- 一個水桶

示範：首先向孩童說明要做什麼事，然後把塑膠布鋪在桌上，並開始把道具從左依序排列在桌上。把花放在其他物品前方，把漏斗插入花瓶，將水倒入花瓶內，把剩餘的水倒入小水盆中。小毛巾用來擦拭滴到水的地方。

把花莖浸泡在小水盆的水裡。接下來，依據花的高度，剪掉太長的部分。把所有修剪掉的莖、葉等廢棄物放入水桶內。把插好花的花瓶放到善牧小室中孩童選定的地方。最後，把所有道具放回原處，依需要而擦拭桌布與桌子。

其他的日常生活活動

日常生活活動會因不同的善牧小室而異，尤其環境空間是關鍵。例如，有低矮窗戶的善牧小室，受歡迎的活動可能是清潔窗戶。大部分善牧小室的基本日常生活活動如下：掃地、擦拭塵灰、清潔桌子、植物照顧（如澆水、擦葉子）、傾倒（尤其是裝水、倒酒）和擦亮器皿（幼童尤其喜歡擦亮祭台模型的銅器）。

藝術手工活動

誠如上述，在基督信仰的宣講課程（即聖經或禮儀的示範）之後，引導者邀請孩童們各自選擇工作。除了特定的教理教具或日常生活活動之外，孩童也可選擇藝術工作（例如徒手繪圖或著色）或其他手工（如貼工、描圖或依版型畫輪廓圖）。我們為此準備一個教具櫃，放所有必需的材料，讓孩童容易辨識與拿取。

藝術手工活動的目的在於：

- 讓孩童更進一步接近和認識環境（透過我們示範藝術手工教具的正確使用）。
- 邀請兒童控制動作，導向更深入的專注。
- 讓孩童有機會透過手工繼續他們的默想，並深思基督宣告的內涵。

創意的藝術工作（徒手畫圖、著色等）是一個讓孩童在善牧小室沉思與回應基督宣告內涵的重要管道，所以我們提供一些簡單但高品質的藝術素材。從學年最初幾週開始，就可以先示範如何使用這些素材，然後再邀請孩童來畫他們在善牧小室中所見、所經驗的事物。這樣的邀請會持續整個學年，孩童可能在基督宣告的示範之後，選擇這類型的工作。

在善牧小室，孩童常選擇的兩個手工工作是貼工和描圖。手工工作都是個人化的工作，當然也可以為小組示範。

引導者說明活動的名稱，告知相關教具擺放在教具櫃的哪個位置，然後將教具拿到小工作桌上。引導者在小桌上擺設好教具之後，便仔細地示範此活動。工作完成之後，所有物品都歸回教具櫃上的特定位置。孩童可以把自己的作品放進自己的資料夾裡，讓孩童之後有機會依其意願完成未完成的作品。

貼工：這是在善牧小室學年初期就會示範的簡單工作，除了吸引孩童的興趣之外，對幼童來說也很簡單。通常三歲的孩童尚不能執筆，卻可以拿小刷子塗漿糊。貼工的用具包括：

- 一個孩童容易開啟、裝著漿糊的盒子
- 一支塗漿糊用的小刷子
- 一塊小布（用來擦掉多出來的漿糊）
- 一個可以放置上列物品的托盤
- 一小塊布或紙板來作為工作墊

要跟上述貼工用具組一起使用的，是裝有不同主題的拼貼紙片的盒子，舉例來說，一盒裝有祭台紙型的盒子，盒內要有分格，裝有不同的紙型：紙製的聖爵、聖盤、蠟燭、十字苦像，還有紙製的祭台布。紙型的數目要與出席的孩童人數吻合。

描圖：描圖並不是要取代徒手畫圖，這是一個有趣的工作，尤其是對那些能掌握手勁執筆、同時也在學習書寫的孩童而言，更是如此。這項活動需要的工具有：

- 配合描圖卡尺寸的描圖紙
- 2B 鉛筆
- 彩色鉛筆（一開始時，要限制彩色鉛筆的量，之後再逐漸增加）
- 大的紙夾，用來固定描圖紙和描圖卡（或是用夾紙板來固定描圖紙和描圖卡）

上述的描圖用具組，依據主題來預備內容物（例如「彌撒用品」或「領洗用品」等）。這些描圖用具組中包含了：畫在白色方型卡紙上的黑色輪廓線和著上顏色的圖樣，白色卡紙的尺寸是20×20公分（約8英吋平方）或14×14公分（約5.5英吋平方），以便讓兒童工作。

第7章

介紹彌撒的首次示範

迷你模範祭台組：幫助孩童關注彌撒禮儀的核心——耶穌臨在彌撒祭台上，以及認識彌撒禮儀用品的名稱。

命名與動作

「介紹彌撒」最初的示範是命名和動作，需要的教具是祭台模型（小於孩童的體型）與祭器櫃（內置彌撒用品，其尺寸要與祭台模型成比例）。

第一次示範給三歲孩童時，重點要放在祭台、祭台布、聖盤、聖爵、蠟燭和十字架上。引導者命名每件物品（強調物品名稱和物品本身，再請孩童重複說出名稱），並且簡短說明物品的用處（例如：「這是聖盤。聖盤中放著彌撒用的麵餅。」）再將該物品小心地放在祭台上。

完成命名和放好物品後，引導者點蠟並隆重宣稱「基督死了，但祂復活了」，然後讓孩童回應（片刻靜默，或口頭反省，或唱聖歌）。示範結束前，引導者再次命名每件物品，並將其放回祭器櫃中，再邀請孩童自行選擇工作。在這之後，祭台模型的示範會聚焦在聖體龕、聖言和其他彌撒用品。

這些示範的直接目標是命名、辨認，以及讓孩童接近彌撒用品，孩童主要的配套工作是自行擺設祭台。兒童從事日常生活活動時，可以使用祭台模型（例如擦亮祭器、修剪用過的蠟燭、洗淨祭台相關的布），也可以選擇手工活動（如貼工或描圖）或是自行創作。

這一切活動和「工作」都是在幫助孩童深化對祭台的熟悉和喜愛，同時激發與滋養兒童的動作控制。我們知道，這是祈禱的間接預備（與祈禱相關的地方可參閱第六章的動作部分、日常生活說明，以及第十四章的動作控制）。

這些示範的另一個重要間接目的，是強化孩童對教會的自然興趣、讓孩童更加被教堂吸引，並能幫助孩童在教堂中有如在家中那般自在，如此便能更完整地參與彌撒（即使在初領聖體之前）。所以，做祭台示範時，我們和孩童一起欣賞祭器之美，也告訴兒童教堂裡的真實祭器更美。完成祭台模型的示範、孩童也開始自己做這些工作之後，我們可以適時帶他們進入教堂，去尋找和欣賞實際的祭台和相關物品。

這些初期的祭台示範有個特點，我們或許可稱之為「感官性的」，因為它們刺激感官：視覺、聽覺和觸覺。對幼童而言，感官知覺乃是一切知識的基礎，而且這些活動和早期的示範滿足了孩童對動作的深切需求。已被證實的是，動作是智能展現和人格發展的根本因素，對日後要直接聚焦在彌撒核心奧蹟的課程來說，它們也是重要的準備。

第8章

教育的兩條線

聖洗聖事的教具：基督徒生活的開始。以特別的記號顯示出來，代表我們充滿基督生命的記號。

兩種教育概念

身為引導者和信徒，我們有個特別的使命，這個使命與我們的教學起共鳴，也使我們以基督徒和教育家的身分自我獻身、投入其中。因此，我們去省思瑪麗亞・蒙特梭利的教育觀，是很恰當的一件事。

一九五〇年，瑪麗亞・蒙特梭利在佩魯賈（Perugia）國際課程中發表一個圖表（見下頁）可以協助我們思考教育的過程，並作為導引。請仔細觀察這個圖表，並視它為學習過程的代表。

上面的線（標示有嬰幼兒、兒童、青少年、成熟等時期的線）代表個人的發展過程，從零歲開始（的確，成長始於出生之前）直到二十四歲。下面的線（標示有小學、國中、高中、大學的線）則代表傳統的學校教育，即學生從教育者身上得到的教育內涵。這兩種教育概念的目標都是實踐孩童的個性，如此一來，每個人便能成就自己的獨特性和自己在社會中的角色。

教育的兩條線

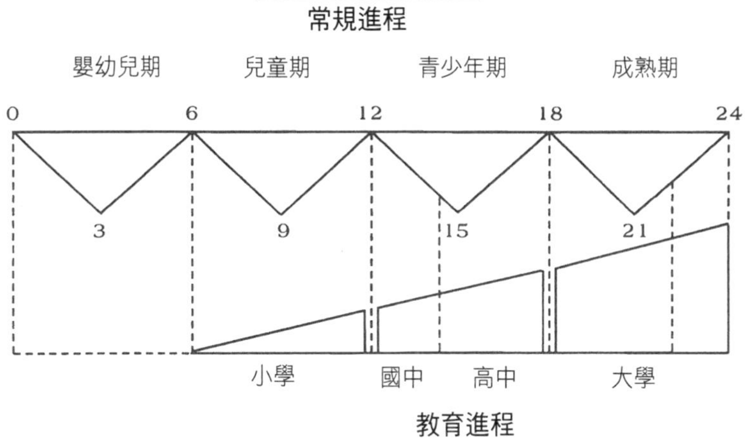

上面的線清楚表示一個常規進程（finality）。在生命年齡軸上形成四個三角形，代表現代心理學所承認的人類發展的四大階段：嬰幼兒期、兒童期、青少年期和成熟期。下面的線則表示教育進程（causality），它從六歲才開始，也通常是開始被社會放入考量的年紀。

請注意，在下面的線上有一個被切成三段的三角型，每一段的頂端高度明顯地逐漸增加，這代表孩童知能持續增展的概念，所以給孩童的教育程度也必須持續增加。同時請注意，下面這個被切成三段的三角形，彼此之間並沒有持續性，反而有清楚的分割記號，從一個階段跳到另一個階段，從小學、國中到高中、大學。

依據瑪麗亞．蒙特梭利的觀點，下面那條線必須配合上面那條代表生命發展的線。然而，我們所有曾投入傳統學校制度的人都心知肚明，教育是如何地把重點聚焦在課程，而不是在觀察、回應每個孩童的發展。這個圖表提醒我們，傳統教育與配合個人發展過程的目標仍然相距甚遠。

雖然兩種教育理念相異頗深，但它們仍有交集點，可以發展出共識，然而，我們對教育的某些基本成見得先去除，否則無法達到共識。

教育的定義

在進入圖表討論之前，我們最好先來探究「教育」一詞，瞭解其意義。一部古老的義大利百科全書是這樣載明的：「一般對此詞彙的理解是：教育是任何社群或社會族群傳授實有和可能有的文化過程之總和，以確保其永續存在和發展。」（P. Fedele,

UTET, 1935）

這個定義指出，整個生命本身就是教育過程，從童年到成年。今天，我們比以往更加呼籲成人要不斷接觸不同專業、文化背景和習俗的人，以便促進個體在個性、人格和能力上的發展，成人必須參與多元的社會文化和宗教機構。既然如此，為什麼一般在使用「教育」一詞時，所指稱的卻只是成人對兒童的教導而已呢？事實上，成人自己是持續地在接受教育——我們同樣蒙受生命的教育、彼此的教育（教學相長的概念）。對我而言，這個現況似乎是在促使、提醒我們成人，在他人（尤其在孩童）面前，要更用心、更謙虛。

如果我們採用教學術語的框架來討論，就可以避免會造成上述兩種教育路線不和諧的諸多偏見了。我們雖然身為成人兼教育者，但人類發展過程的產生並不是由我們主導。生命本身依照宇宙自然律各司其職——即使人類尚不完全瞭解宇宙自然律。這個認知應該可以激發我們去認識孩童的意願，並且盡己所能去探究可以協助孩童自我教育的最好方法。

整個二十世紀，特別是過去三十年間，諸多重要的發現和進展影響了教育過程。越來越少教育理論傾向仰賴外在誘因和規則，也不再認為外在規範和目標是人類發展的基礎。在過去，這種論調確實被視為理所當然，而且人們還真誠地相信，孩童人格成長的過程是由成人制定的教育來主導。如今，越來越多人承認、肯定教育過程中自由的價值，當今的教育者越來越意識到和重視與受教者的合作，這說明現今人們更關注於培養自我教育的過程。

可是，許多矛盾、延遲和不成功的課程仍然存在。成人世界（尤其是身為引導者的我們）需要去面對的是，孩童真實的個性仍然埋葬於偏見之下，使我們無法清楚認識孩童。我們的眼光仍然被習性和傳統教育方式所遮擋，成人必須在與孩童的關係中正確地自我定位，懷著謙遜和尊重的精神，才能認識孩童的真性，看清、引導並決定孩童發展的普世法則。

在《人的成長》（*The Formaion of Man*）一書中，瑪麗亞．蒙特梭利寫道：「哪怕只是證實這些偏見的存在，就已經使人類獲益非淺。」[1]在同一本書的前面段落中，她又寫道：「對所有的人來說，兒童都是只能用遊戲、睡眠、童話故事去充填的空洞生命，要求如此嬌嫩的幼兒從事真正的腦力勞動，簡直像是褻慢神靈……教學方面我們擔心，避免孩童在推理方面用功，以及太深的理性運用。」[2]

至於身體上的發展，成人認定孩童不會控制自己的動作。當成人為兒童著衣、把食物放進兒童口中等等，即是在展現成人這種錯誤的成見，進而阻礙孩童培養獨立自主和自信的必要經驗。

建設性的生命節奏

簡言之，我們成人總是專注於自以為是教育者的角色，而忘了尊重兒童。反思我們與孩童在家中或是在社會中的關係，就能認清這些偏見。我們如果更進一步，把這

1 Maria Montessori, *The Formation of Man* (Madras, India: Vasanta Press, 1971). p. 22.《人的成長》第 19 頁，及幼文化。

2 同上，p. 29.《人的成長》第 26 頁，及幼文化。

些觀察延伸到宗教教育的層面，就會發現我們更是深陷於這些偏見之中。

從受孕開始，教會便承認「天主的孩子」（a child of God）的這份尊嚴，邀請新生兒進入聖洗聖事（洗禮）。東正教甚至給新生兒送聖體（聖餐），認為孩童有能力參與基督信仰生活中最重要的部分。教會雖然瞭解孩童的尊嚴，但還是傾向等到孩童六歲才開始正式的宗教教育，而宗教教育也著重在課程教授，而非宗教情操的培育及信仰陶成。

如果我們把「教育的兩條線」的圖表應用在宗教教育上，我們會發現，在上下兩條線之間有更大的對比，也有同樣的偏見。人們一般認為幼兒無法理解神學概念，可是經驗告訴我們，孩童與神的連結是深根蒂固的。甚至從幼年開始，孩童就可以從有形可見之物看到無形的本質（或是從可見之物看到超越的形象）。孩童有能力生活在與神的相連中，孩童的祈禱顯現了這個現象。

在宗教教育的領域中，我們最應該從成人教導孩童的傳統教育觀中鬆綁，而去追求孩童潛能的實踐。確實，如果我們相信生命來自神，那麼在宗教領域中，教育就不應該受限於外在因素，而要順從「建設性的生命節奏」。

藉由在合適的完備環境中觀察孩童的經驗，瑪麗亞・蒙特梭利在一九〇七年發現了從未預想到的孩童的嶄新特質。對於孩童真性的發現，成為她教育工作的基礎，也就是我們常說的「蒙特梭利教學法」，視教育為「對生命的協助」。這種協助能夠讓兒童發展自己的潛能，這種協助是為了協助「生命」。用瑪麗亞・蒙特梭利的話來說：經由生命經驗，兒童自行完成了建構成熟個體的使命。

用一句話總結瑪麗亞・蒙特梭利的教學法，就是「幫助我，讓我自己做」。同樣地，我們身為引導者，更要關注孩童無聲的懇求：「幫助我，讓我自己親近神。」

第9章

教育和四大發展階段

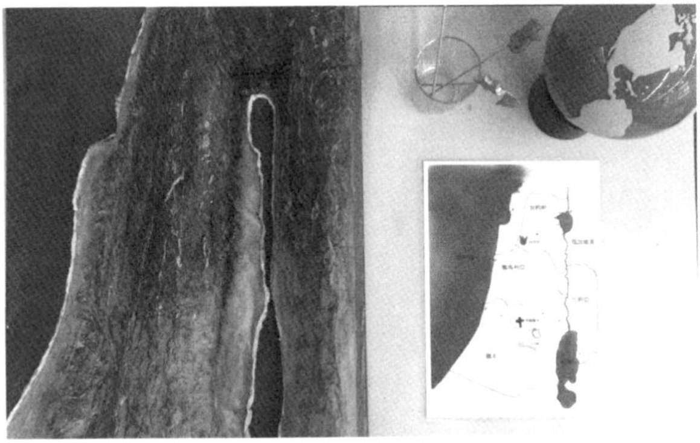

聖經中的地理位置：讓孩童有感官的經驗，看得到、摸得到以色列的地理位置及3D地勢模型。

第一階段與第二階段的特質

現在，讓我們來細究下一頁的圖表：依據科學和客觀數據的人類自然發展過程。我們可以把上面那條線（標示有嬰幼兒、兒童、青少年、成熟等時期的線）想像成正在逐層施工的建築物，每一層樓都奠基於下面一層樓，也作為上面一層樓的基礎。建築物顯然不可能從第二層開始蓋，如果我們要建造一棟堅固持久的建築物，勢必要從地基開始施工。那麼說到宗教培育，我們能從第二層，從六歲以後才開始嗎？這樣造出的建築物會堅固嗎？

我們現在來詳細思考圖表上的第一、第二階段：嬰幼兒期和兒童期。我們的善牧教理工作在這階段展開。請注意，在這個圖表中，四大發展階段，即嬰幼兒期、兒童期、青少年期、成熟期，每個階段各用兩種不同的灰色塊來區分。為什麼？灰色塊代表「次階段」（subphase），其特質為緊湊而有建設性的工作。這些次階段之後緊接著較為平靜、較少創造的階段，主要是鞏固前面緊湊且有建設性的工作。

四大發展階段

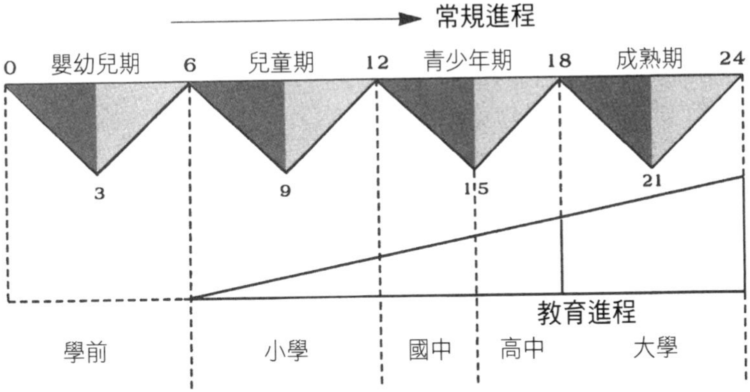

另外，這裡刻意選擇三角形來代表，其用意是要指出在生命線上的每一個階段都有強度高峰期，一旦到達極限，其強度就會漸弱。

依序說明，第一個三角形分成兩部分（或說是兩個次階段），即零歲到三歲，以及三歲到六歲。這是第一發展階段（嬰幼兒期）。

在這時期，孩童的獨特心智使這階段大異於其他階段。瑪麗亞·蒙特梭利稱這種獨特心智為「吸收性心智」。孩童不斷地吸收知識，不經由理性或教授管道，而似乎是由滲透的方式達成。主要的例子是孩童學習語言。「吸收性心智」活躍期的巔峰在第一個次階段，即零歲到三歲，但會延續到第二個次階段。成人不能直接干預這個工作，只能提供周邊的協助。

經由當今專家們認真和科學性的觀察，人們對第一發展階段的本質及其對人類未來的重要性，有了較多的認識。同時身兼兒童心理學專家和蒙特梭利培訓師的席爾瓦娜·蒙塔納羅（Silvana Montanaro）博士，便專注於第一發展階段之次階段（即零歲至三歲）的研究。她在《生命中重要的前三年》（*Understanding the Human Being*）[1]一書中，報告了她觀察零到三歲幼童的經驗，也分享了她準備環境工作的細節，包括為協助嬰兒而特別培訓的人員（為嬰兒、幼童和父母提供協助）。

對幼童來說，世界充滿了新鮮感和驚奇。這段時間也是孩童經歷極大變化的時期。觀察從出生到一歲的孩童，我們可以注意到，他們跟能夠獨立走路、說話的三歲孩童之間有極大的差異。此外，零到六歲期間，所有伴隨孩童一生、建構其個性的心理特質，基本上就已經奠定了。

進入第二發展階段，也就是從六歲到十二歲的兒童期，我們發現這是相對比較平靜、穩定的發展期。在這段期間，孩童吸收消化所有在前階段所發展出來的能力。孩童身體的發育也在鞏固中。這階段通常是充滿活力、健康和穩定的時期，孩童換牙，骨頭也變得更堅硬。

如果在前階段中，孩童本身的能力沒有遭受阻礙或停滯，在這階段的心理和教育就不會有太大困難，而能呈現平穩的狀態。傳統上，社會在這階段（通常是六歲）開始承認孩童成熟到能夠正式接受教育。

第三階段與第四階段的特質

顯著的大改變會發生在第三階段，即青少年期。在這時期，體內的腺體使個人的

1 Silvana Montanaro, *Understanding the Human Being: The Importance of the First Three Years of Life* (San Francisco, CA: Nienhuis Montessori, 1991).

性能力成熟。身體迅速成長，速度快得似乎不成比例，小的胸部和肺內的氧氣不夠供應高大的身體，少年期常會有因體格不平衡而反映在心理不平衡的狀況。

的確，青少年期情緒衝動浮躁：一下熱忱滿溢，一下冷淡而無動於衷。在這階段，他們常會經驗到一種志業的召喚感，或是人生在世的志向選擇。一些年輕聖人或殉道者都證實了這一點。反之，他們也可能成為青少年罪犯。

青少年期也是成為社會成員的時刻。所以，這是充滿危機的時期，一旦危機克服了，就進入自己力量和能力的圓滿狀態。所以瑪麗亞．蒙特梭利強調，對青少年絕不可以「放牛吃草」或讓他們自求多福。事實上，青少年有如新生兒，在諸多不同的層面需要協助。青少年處在通往新生命的蛻變期。他們如同新生兒一般，需要我們的協助，如果得不到需要的協助，就有誤入歧途、方向偏差的高度危險。

發展的第四階段，即成熟期，是另一個相對安穩的時期。在這時期，智齒的萌發代表身體發育上的完成。對很多人而言，大學生活可說是一種「訓練場」，人們在大學時代才開始被塑造，能對他人保持開放，並清楚知道自己生涯的選擇。安寧穩健和專注能力乃是此階段的特質，如果前階段健康度過，這個階段則是前階段成果的收成季節。

這四個發展階段的成長與發展方式各有不同，但它們依照次序一個伴隨一個，環環相扣，形成了完整的動力，激勵人類邁向自己喜愛的目標。人類自然會嚮往比自己更高超的理想，所以教育必須協助與培育人們，不僅達到目標，甚至找到更高的理想。

瑪麗亞·蒙特梭利提出的四大發展階段，融會了身心特質的成長發展，如今，透過世界不同地方多元專家的研究，已獲得認可與豐富的證明。從這基於教育科學和其應用的自然教育綱要，我們便能瞭解俗語所說的：「兒童是成人之父。」[2]

2 蒙特梭利經常提到威廉·華茲渥斯（William Wordsworth）的詩作《不朽頌》（*Intimations on Immortality*）。

第10章

敏感期

示範「天使向瑪利亞報喜」的教具，天使進去向她說：「萬福！充滿恩寵者，上主與你同在！」

敏感期的重要性

以下針對敏感期的討論，並無意做兒童心理學完整詳盡的研究，只因它涉及瑪麗亞．蒙特梭利思想中的根本主題。這主題協助我們認識孩童，也是基於孩童，才有了她的「發現」，因此孩童是她所有教育工作的基礎。

在巴塞隆納首次的宗教教育實驗中，瑪麗亞．蒙特梭利再次確認了她曾在兒童之家觀察到的現象：她發現，在文化課和信理課教授之前，孩童的靈魂便與神有著重要的關係。她在《發現兒童》一書中提出建議，宗教教育的經驗必須開啟教育的兩個枝幹：一個是孩童本質與外在真實世界的關係，另一個則觸及孩童本質與超自然生命真實的關係[1]。

更深地理解孩童的心理需求，可以幫助我們瞭解並尊重孩童在宗教領域上的需要。所謂認識孩童的真性本質（至少要認識到某種程度），指的是讓孩童發展為整合或「全人」，也就是讓孩童與他自己、與神、與他人，皆能擁有正確的關係。

任何人的成長都經歷過四大發展階段，即嬰幼兒期、兒童期、青少年期、成熟期，第九章的三角形圖表呈現了這四個時期的成長。我們說過，圖表之所以選用三角形來表示並非偶然，而是刻意為之。三角形的左股指的是創造能力逐漸增加的強度，三角形的頂點表示該強度達到極限。三角形的右股代表創造能力逐漸削弱，直到完全消失。這時候，下一個嶄新豐富的創造階段接著出現。人類的發展史一直都有這四大發展階段，只是以不同的方式展現。

在人類的發展過程中，前一個敏感度為下一個敏感度做預備；此外，所有的敏感度環環相扣，相互依存，由此建構一個完整的人。因此，這些成長階段或三角形代表了各自獨特的敏感度。心理學家用「關鍵點」來談兒童的生命程式，瑪麗亞・蒙特梭利則稱這些關鍵點為「敏感期」，在《童年之秘》（*The Secret of Childhood*）一書中，她說：

1 Maria Montessori, *The Discovery of the Child* (Madras, India: Kalakshetra Publications, 1966),《發現兒童》，及幼文化，第十三章。

對敏感期的研究，是一種非常花工夫的探索歷程。這些研究有助於我們觀察促成兒童成長的各種器官的功能運作，且能告訴我們，兒童的心理發展並不是偶然完成的。換言之，兒童的心理發展並非借助外界的刺激，而是受到一些短暫易逝的感覺力的指引。因為有這些短暫的本能，兒童才習得特定的特質[2]。

所以，敏感期引導了心理秩序的發展和征服，也決定能力的養成，而能力一旦養成，就會存留一輩子。為了這個理由，成人必須小心辨識敏感期出現的時刻，予以尊重並加以協助，一旦錯過敏感期，孩童自然習得的機會也就永遠錯失了。

同樣的學習成就也能在孩童時期以後的生命階段發生，但需要耗費很大的意志力，而不再是自然性的習得。瑪麗亞．蒙特梭利指出：「敏感期推動孩童以非凡的喜悅，無限制地去做那些對自己有建構性的事。環境協助和滋養了這些敏感期。」[3]

她進一步指出：「藉著敏感期，兒童將從複雜的外在環境，挑選最適合其成長，而且是對其成長必須的事物。這就是為什麼在某個時候，兒童只對某些事物敏感，卻對其他事物漠不關心的原因。這就像一束光線只照射在某個物體上一樣。對某個時候的兒童而言，某件事物就是他全部的世界。」[4]

語言的學習

敏感期是生命的一般現象，也見於昆蟲世界，雖然與人類的敏感期有所不同。敏感期是荷蘭植物學家佛里（Hugo de Vries, 1884-1935）所發現的，他獻身於基因領域和動植物生理的實驗研究。

在觀察一般蝴蝶幼蟲的行為時，佛里注意到，毛毛蟲一孵化就對光特別敏感，這個敏感度迫使毛毛蟲衝出蝴蝶產卵的樹洞，去找需要的養分嫩葉。

2 *The Secret of Childhood* (New York, NY: Ballantine Books, 1977), p. 42.《童年之祕》，及幼文化，或《童年的祕密》，五南出版社。

3 同上，第七章。

4 同上，p. 42.《童年之祕》第87頁，及幼文化。

毛毛蟲一旦長大了，就會失去對光的敏感度，甚至失去對特定嫩葉的興趣。長大後的毛毛蟲並非失明，而是光對它已無所謂了。取而代之的是昆蟲後續的蛻變階段，牠發展出不可思議的食慾，這是為了儲備蟲蛹期間的養分。

就如同瑪麗亞．蒙特梭利在《童年之秘》書中所提到的：雖然荷蘭科學家佛里在動物身上發現了敏感期，然而，是身在學校中的我們發現了孩童的敏感期，並將其應用在教學上[5]。

零歲到三歲孩童的敏感期是我們最不熟悉的，但是在發展階段中，這個時期的敏感期卻是最重要的，是建構人格基礎的支柱，當代的科學對此階段深感興趣。前面我們已提過，想要瞭解更多有關生命前三年的發展，請參閱席爾瓦娜．蒙塔納羅博士的著作《生命中重要的前三年》（第九章）。

瑪麗亞．蒙特梭利觀察到，孩童在第一發展階段中，對語言特別有熱情，可謂隱性的狂熱。我們當中有誰沒見證過，幼兒使盡力量企圖捕捉成人口中發出聲音的震動？就是透過這股強烈的神秘魅力（我們尚不知其中技能之運作），孩童與生俱來就善於語言的學習。或許當下孩童只能用興奮來回應我們說出的話語，但不久之後，沒經過任何人的直接教導，孩童就突然會說話了。

即便整個家庭為此慶祝，但我們不見得能意識到這有多麼不平凡。在某個程度上，我們把語言的習得視為人類成長發展中理所當然的成就，然而我們是否想過，成人要費多大的意志力才能學會外語？

雖然孩童並沒有失去對語言的興趣，但是那個強烈的原始動力會逐漸淡化。的確，如果孩童能獲得成人環境的協助，那股吸引力會持續，而演化成表達自己需求、願望和情緒的能力。在宗教教育的領域中，我們注意到，孩童大約在三歲時會對發音聽起來隆重、高超的名字表現出興趣，例如先知依撒意亞（以賽亞）給默西亞（彌賽亞）的稱呼：「神奇的謀士、強有力的天主、永遠之父、和平之王。」（依撒意亞／以賽亞先知書9:6）

5 同上，p. 38.

我們說過，第一階段中零到三歲的敏感期，不是全部都如同學習語言這般明顯可見、易於辨認。然而我們卻看見，語言對孩童的那股強烈吸引力延伸到環境中的其他層面上，我們確實可以說，是「環境的吸引力」引導了孩童後續階段的發展。

環境吸引力

受到不同興趣的驅使，孩童會與環境互動，從而認識他所身處的環境。在早期的發展階段中，這股吸引力引導孩童去認識、熟悉周遭的環境，分辨環境中的人、事、物，並且依各自的功能安置其所。同樣的「環境吸引力」會激發孩童逐漸進展，直到他可以獨立走動。這時，孩童會受到驅使去觸碰東西、模仿成人所做的動作，以及選擇合乎自己興趣的事物，由此產生感官和智能上的認知。

「環境吸引力」會使年齡較大的孩童去接觸更寬廣的世界，鼓動他去揭發自然界的秘密、人類歷史的真相和有關人類的思想。它也會激發孩童去建立關係，經驗「他人」。瑪麗亞．蒙特梭利說過，「環境吸引力」如同光，使嬰兒、孩童和成人得以看見適合自己成長或發展需要的元素。

在孩童一開始表現出對「環境吸引力」的敏感性時，如果孩童在敏感性最濃烈的這個階段受到尊重，他就會採取主動的態度對待生命；反之則會停留在被動、依賴的狀況，就算孩童之後有所改變或進步，也必須耗費九牛二虎之力，而不會自然或自發性地做到。

秩序感

第一發展階段中最重要的敏感期，就是「秩序感」的時期，這也是最難發覺和詮釋的。因為「秩序」一詞在字義上的矛盾性，使得成人對「秩序」的認知時常模糊不清。「秩序感」的敏感期從一歲開始顯露出來，以同樣的強度、但不同的動機，一直持續到兩歲。這段時期需要成人的關愛和專注的觀察，才能為成人與孩童之間的和諧關係鋪路。

對孩童和成人而言，「秩序」的意義大不相同。成人強調「秩序」能使日常生活舒適並使工作更有效率。對幼童而言，「秩序」代表在他周圍諸多人、事、物中的一個參照點，也就是說，在同樣的地點找到熟悉的人、事、物可以給孩童帶來安全感，而這個安全感即是建構和諧人格的基礎。

完整和諧的人格發展需要內在秩序，表示一個人對自己和自己在環境中的定位擁有清楚的覺知。三歲之後，內在秩序的發展比較聚焦在智能的追求，然後（六歲之後）再加入道德邏輯的理解。我們可以觀察到「秩序」帶給幼童的滿足感，每當幼童（甚至只有幾個月大的嬰兒）聽見同樣的人唱同樣的歌，他們會展現出喜悅之情。再大一點之後，孩童也喜歡聽我們用同樣的話說同樣的故事，如果我們改變了用語，孩童一定會抗議！

大約兩歲的孩童喜歡把東西放回某些特定的地方，在座位上或車子裡也喜歡坐同樣的位置。如果這個對「秩序」的需求沒被滿足，會引爆孩童直接強烈的情緒反應，成人常把這種現象解釋為「發脾氣」。關於這一點的兩個故事，我們邀請讀者參閱瑪麗亞．蒙特梭利的著作《家庭與孩子》與《童年之秘》[6]。

一旦熟悉的秩序感重新建立，孩童的需求就被滿足了，一切回歸正常，強烈爆發的情緒也隨即「消失得無影無蹤」，否則就會在孩童的行為中烙下痕跡，到年紀大一點會產生嚴重的情結，甚至人格上的困擾。那時，就需要成人特別的關注。

宗教敏感期

瑪麗亞．蒙特梭利談到「正常化」（normalization）的教育過程，就是指孩童學習如何在團體環境中與他人和諧互動。這意思是說，孩童可以接受遵守團體生活（例如學校生活、家庭生活）必要的法規或準則。特別是在發展的第一階段，孩童深度的

6 編注：《家庭與孩子》（第32頁，及幼文化）；《童年之秘》（第98－103頁，及幼文化）。

需求越獲得滿足，之後在「正常化」的養成過程中就越不需要成人的干預。

除了以上所說的敏感期，從出生到三歲的孩童還有其他敏感期。例如，感官發展在此階段開始，這時孩童為了認識他所在的環境，特別喜歡用嘴巴和雙手去觸碰東西。嬰兒對動作的敏感期早在出生的第一天就顯現出來了。如果嬰兒是自由的，他一定會動來動去，因為他已被所處的環境所吸引，這吸引力之強大足以推動嬰兒去爬行，然後行走。

在第一發展階段中，對關係的需求和建立關係的能力，對人格建構而言是最重要的，其強度甚至在出生之前便已開始，持續保持其強度直到三歲。新生兒的注意力聚焦在人的臉上，尤其是母親的臉龐。嬰兒很早就開始認識和回應父母或保姆的聲音、臉龐和觸感。在這時期，和對關係的需求與能力息息相關的，是被照顧／被保護的敏感期，照顧的品質深刻地影響人格的形成。

雖然瑪麗亞．蒙特梭利並沒有特別指明「宗教敏感期」的存在，她卻觀察到、也特別談到了幼童內在的敏感性，她稱之為「宗教感或靈性感」（參閱《發現兒童》）。

孩童大約從三歲開始，我們可以在以下宗教活動中，從孩童身上看出其敬畏和享受其中：傳授基督信仰奧蹟、參與安靜活動、參與簡單禮儀（例如帶著聖物遊行）。在《發現兒童》中〈宗教教育〉那一章，瑪麗亞．蒙特梭利綜合了她觀察到孩童們的「宗教感」，並這樣寫道：

他們對自己的自信、勇氣和面對事情的沉著，尤其是對上主（生命的創造者和保護者）的信仰充滿歡欣。這些孩子有能力區別自然和超自然的事物，他們的觀察力使我們覺得有一段時期是對宗教特別敏感的。就像人的身體完全跟隨著時間的自然律發展，孩子在這段時期似乎和神特別接近[7]。

瑪麗亞．蒙特梭利也看出，兒童在第一發展階段中的第二個次階段，即三到六

7 Maria Montessori, *The Discovery of the Child* (Madras, India: Kalakshetra Publications, 1966), p. 347.《發現兒童》第460頁，及幼文化。

歲的敏感期，他們用所有的感官來區分、分類、歸納，逐漸把他們環境中的東西抽象化。閱讀和寫作也屬於此階段的敏感期。我們在兒童之家可以看到，孩童們對於學習這兩種技能（閱讀和寫作）深感興趣，不像那些太晚學習閱讀和寫作的孩童們那樣需要掙扎、努力。

在後續階段（小學期間），孩童們觀察自然界的秘密與人類社會的關係，是「文化」的敏感期。此外，這個階段從六到九歲有道德邏輯的敏感期。這時期的孩童非常有興趣分辨善與惡、正確與錯誤的行為。如果在興趣尚未自然來到之前，我們太早讓孩童涉及道德理論，便是冒著讓孩童變得過分謹慎或不敏感的風險。

兒童的宗教潛能

蘇菲亞．卡瓦蕾緹在《與孩童一起體驗神》一書中報告一個案例，極具意義地敘述了在直接教導倫理道德這件事上「適齡」的重要性。她說一位幼兒園的老師對幼童講述「浪子回頭」的比喻。接近比喻的末了，她描述浪子花光了所有的錢，變成幾乎要餓死的窮人，離開他照顧豬群的勞力工作，回到父親的家，父親展開雙臂擁抱浪子回家。

幼兒園老師講完了比喻，孩童們問了一個問題，表達他們最關心的一件事：「那些豬怎麼辦？」這個比喻要傳達的慈悲、寬恕的訊息顯然離他們很遠。因為他們正處在需要「保護」的敏感期，所以他們的焦點會是被遺棄的豬群。只有在之後，從九到十二歲這個年齡層的孩童才有社會感的意識，這份社會感也才能對他們的生命產生意義。要到這個階段，孩童對於自己對他人所做的行為才會有責任感。也因為如此，這個時期的年輕孩童特別需要美善的行為典範，甚至需要能夠引導、光照他們發展的良知導師。

在人類的心理深處，也有某種類似敏感期的東西。蘇菲亞・卡瓦蕾緹在《與孩童一起體驗神》談到「生命的迫切需求」（vital exigencies），意即人類內在存有的深層而重要的渴求：「孩童心理結構的根源比他實際的生活經驗更加深層，可說是一種生命的迫切渴求，無論是否被滿足，這份渴求都同樣存在，就像是永遠餵不飽的飢餓。」[8]

蘇菲亞・卡瓦蕾緹用「常道」（constants，即常有、不變之事物）來表示孩童們對某些宗教主題的一般反應，這些常道便是「生命迫切需求」的指標或外在展現。此外，我們在不同社會階層和文化背景的孩童身上，觀察到相同的基本反應，在特定發展階段的孩童，對特定基督信仰的訊息通常有相同的反應方式。

常道不僅證實了宗教敏感期的存在，同時也表示宗教訊息的內容，需要依據孩童不同的發展階段而有所不同。換句話說，我們要因應隨著各個發展階段而改變的需求，傳授不同的「神的面貌」。因此，蘇菲亞・卡瓦蕾緹才會說：「若要教理能對孩童產生意義，引導者必須理解孩童的迫切需求和最合適孩童的神的面貌。」[9]

神的面貌

耶穌善牧（好牧人）是年幼孩童最喜愛的「神的面貌」，善牧的比喻（若望／約翰福音第十章）涵蓋了神完整而普遍的愛的訊息，愛的完整性可以回應人生不同的狀況。此外，這個比喻的意義會隨著孩童年齡的增長而不斷延展：

- 善牧呼喚羊的名字，這建立了神與每個人的根本關係，是與一位可以回應每個人難以言明的深層需求的「人」際關係。
- 善牧照顧羊群，供給牠們所需要的一切，善牧用愛保護、治癒羊群。
- 善牧喜歡與他的羊同在，當他找到迷失的羊，他開心地把牠放在肩膀上，帶回家之後，邀請親朋好友一起慶祝（路加福音 15:3-6）。
- 信徒的團體（即教會）就是善牧的羊群，是我們在領受洗禮後進入的團體。
- 道德敏感期在孩童約六歲時開始，兒童會發現「尋回迷羊」的比喻是神會原諒

8 Sofia Cavalletti, *The Religious Potential of the Child* (Chicago, IL: Liturgy Training Publications, 1992), p. 169.《與孩童一起體驗神》，啟示出版。

9 同上，p. 173.

我們的愛之典範。

- 之後，孩童的焦點會放在牧羊人身上，將他視為在前方的導航者。為羊群「捨棄自己的生命」，是自我奉獻的典範。所以對青少年而言，牧羊人成了重要的新的導航者，引導青少年做個人的決定，並心甘情願參與團體生活。
- 牧羊人所說的「一個羊群」，代表所有受造物最終的完整——在神之內形成一個整體——這件事指日可待。

此外，還有其他經由示範向孩童介紹的主題，也證實了前述「常道」和宗教敏感期的存在：

- 「基督是光」的圖像透過光和暗的記號，帶來感官經驗，兒童會有喜悅和安全的回應。學年中，我們透過不同的示範向孩童介紹這個主題，但在復活慶典的蠋光禮中，我們最能看到孩童圓滿的回應。

- 在驚嘆和喜悅中掀開神國的奧秘。當孩童接觸芥子（芥菜種）的比喻（瑪竇／馬太福音13:31-32）時，這種情況特別鮮明——那麼小的種子，因其內在神的德能而長成大樹。孩童們很容易對號入座，而驚豔於自己身上發生的事實：神國的奧秘同等於生命的奧秘，同等於成長和蛻變的奧秘。

此外，從種子的比喻（馬爾谷／馬可福音4:26-29）可以知道，成長和蛻變的力量顯然不是來自我們本身。從孩童們回應麥粒的比喻（若望／約翰福音12:24），我們可以看到，孩童們已有準備要擁抱終極蛻變的奧秘——死亡與復活。

如同「敏感期」依照自然的藍圖引導人格的建構，這個常道告訴我們，孩童與神之關係的建立，是透過持續發展對神的覺知感。在宗教經驗上，與神（the Person of God）的接觸能夠滿足人對存在性的需求，滿而溢地滲透到和諧人格的養成中。

第
11
章

自由、獨立、紀律

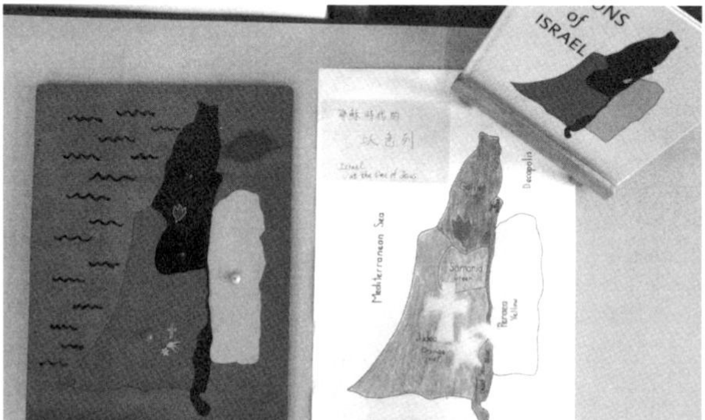

以色列地理拼圖（區域及河流），配合兒童發展，幫助幼童認識聖經中的真實地方和歷史。

自律養成的自由

我們已提了一些具體建議，如何在尊重孩童自由的條件下，在善牧小室中創造適合工作與專注的氛圍。在諸多課題中，我們談到如何協助孩童取得獨立、發展專注力和尊重他人的工作。現在，我們要從獨立性的取得與孩童整體的養成這兩個角度，更深入地探索自由的重要性。

如前所述，在教育過程中，自由的價值愈來愈受到重視。我們要清楚知道，瑪麗亞．蒙特梭利所謂的「孩童的自由」是什麼意思？自由與獨立的關係作為哲學課題，並不是我們關心的重點。我們真正感興趣的，是自由和獨立對人格養成的影響（參閱《發現兒童》第四章）。

在瑪麗亞．蒙特梭利的著作《發現兒童》中我們讀到：

一個以自由為基礎的教育方法，必須介入讓孩子能重新掌握自由，減少社會限制他行動的束縛。如此，在發展過程中，他自發性的表現會更接近真實，更清楚地顯露出他的本性[1]。

顯然，我們所定義的自由是釋放人的潛能，以順從一股積極正面的生命驅動力。這股重要的自由的能力需要被尊重，也需要適當的協助，如此一來，自由才是孩童爭取來的果實，而不只是白白得到的禮物。此外我們可以說，自由真正的價值在於它是爭取來的成果，爭取的過程中則需要孩童對美善和真實作出主張與回應。

教育者的藝術在於，能夠精確地分辨處於特定年齡或發展階段的孩童，是否隨著自己的內在動力邁向真實和美善。一位好老師（蒙特梭利稱這樣的教育者為「導師」）能夠瞭解、辨認「自由」與「許可」之間的區別，反之則會帶來懶惰和脫序混亂的行為。尊重孩童的自由並不是放任孩童為所欲為，例如把腳放在桌上、把同學推來推

1 Maria Montessori, *The Absorbent Mind* (Madras, India: Kalakshetra Publications, 1973), p. 95.（編注：原文中指出本段引文出自《吸收性心智》，但實為《發現兒童》第110頁，及幼文化。）

去，或諸如此類。凡是遇到這樣的負面行為，我們就必須干預、加以糾正。如同瑪麗亞・蒙特梭利所澄清的：

> 行動的自由應該受限於團體中大多數人的興趣，它呈現方式就是我們說的有禮貌和好行為。我們的責任是防止孩子做出冒犯和傷害別人的事，並察看有什麼失禮和不禮貌的行為[2]。

與瑪麗亞・蒙特梭利合作甚密的安娜・麥柯榮尼（Anna Maccheroni）談到，每當發現有蒙特梭利培訓的完訓者無法分辨自由與許可之間的區別時，瑪麗亞・蒙特梭利會非常不高興。當她訪視蒙特梭利學校，觀察到孩童的不當行為被允許，還被誤以為是尊重孩童的自由時，她會深感痛苦，甚至後悔發展出蒙特梭利教學法。

孩童的自由其實是自主，必須常常受到尊重，如此一來，孩童的潛能才能按其發展階段的特質，以不同的方式自行展露出來。例如，新生嬰兒要有移動的自由，才能漸漸獨立走動，然而嬰兒床的高圍籬卻導致自由的缺乏。

為了認識周遭環境中的物品，幼兒需要自由，因此，在蒙特梭利學校中，我們提供孩童各種機會參與日常生活的活動，幫助他們在環境中可以獨立。逐漸地，隨著孩童的能力和對理解文化的需求增長，我們也會給予兒童越來越多能夠自由選擇的工作，工作的選擇會依據孩童自發性的展現和潛能而持續增多。

通往獨立之路

我們說過，自由的爭取需要協助，得不到助力且缺乏工作機會的孩童必然會感到茫然，如同新生嬰兒沒人餵養必定會死於飢餓。因此，我們使用適合孩童自發表現的完備環境來幫助孩童，在其中，兒童可以發展出自由、有序的工作，以此來協助孩童

2 同上，p. 87.（編注：原文指出本段引自《吸收性心智》，但實出自《發現兒童》第102頁，及幼文化。）

爭取到自由。完備環境讓兒童得以實踐自由，而自由才會導向獨立。然後，給孩童的自由度之延伸與應用也才得以增長，成為真正基於自律所養成的自由，而非平白得來的禮物。

一九〇七年，在聖羅倫佐兒童之家的第一個實驗中，如果瑪麗亞·蒙特梭利沒有讓兒童從當時教育制度的束縛中釋放出來，就不會看清孩童的真實本性和能力。在一個精心預備，以孩童的需要和表現為主軸所建構的環境中，她給予孩童移動的自由、選擇工作的自由與自我表達的自由。別忘了，在那個時代，孩童在校時間都是被迫坐定的，未得允許可不能說話或起立。

後來在其他文化中，她也觀察到兒童自發性的自律。在一個較不自由的環境中，這是無法清楚看見的。這已不是零星的孩童擁有自律，而是自發的自然現象，瑪麗亞·蒙特梭利深信，孩童內在擁有內在紀律，引導孩童邁向秩序和獨立。

如果我們成人阻擋孩童的自由活動，那我們是在拉開與孩童之間的距離，也就無法理解孩童的真正需要。如果我們介入，將自己的意思與判斷強加於孩童身上，替孩童做他自己需要做的事，那孩童就無法達到真實的獨立。

我們成人常常難以尊重孩童的自主和獨立，因為我們對孩童的能力或潛能沒有足夠的信心。我們也缺乏耐心，隨時要替孩童完成他的工作，當然，我們自己做會比教孩童做來得更容易，可是這樣做的結果是，孩童變得無能且更依賴我們。

瑪麗亞・蒙特梭利在《發現兒童》中探討「獨立」，她寫道：

如果教育是要讓孩子獲得好處，就應該幫助他們邁向通往獨立的道路。幫助他們走路、跑步、上下樓梯、撿起掉落的物品、穿脫衣服、盥洗、清楚地表達自己、滿足自己的需求等，種種都是獨立教育的基本成分[3]。

不受成人干擾與限制、也沒有被成人妨礙而缺乏機會，這些獨立的兒童已向我們

3 *The Discovery of the Child* (Madras, India: Kalakshetra Publications, 1973), p. 82.《發現兒童》第 112 頁，及幼文化。

證實，他們跟隨自己的內在動力，能夠習得並發展其能力——這可能會讓觀察者感到非常驚訝。獨立就是自由且不需依賴他人，因為我發現我能做到我需要做的事，因為發現自己的能力而得到自信，進而得到內在的安全感。強壯的「自我」知道如何擇善棄惡、如何安於自己。

身障者與王子都無法自己脫鞋，一個是因為身體功能不全，另一個則是因為社會禮俗。身障者與王子可說是處在同樣的狀況中，兩者都需要仰賴他人。當一個人需要被「服侍」而不是只需要被「協助」，從某個程度上來說，他的獨立性已經全然被剝奪了（參閱《蒙特梭利幼兒教育手冊》和《發現兒童》）。

在當今文化中，這種「服侍」已經很少見了，但我們仍然對「獨立性」沒有清楚的瞭解，即使人們現在已經比較理解與尊重他人獨立性的觀念，但在具體實踐時，我們仍然易於表露奴性，殊不知這已妨礙了他人的獨立。實際的結果是，我跟他人都無法獨立。

自律的能力

培養獨立的教育亦需要自律能力。身為教育者、教師、教理師的我們，一談起紀律，指的通常是孩童或年輕人聽從要求而表現出規矩的能力——我們會立即詢問哪個方法可以做到，但紀律有很多種，我們需要依照孩童的年齡和發展階段來分辨所需的紀律。

在《發現兒童》書中談到紀律時，瑪麗亞．蒙特梭利指出：

年幼的孩童是沒有紀律可言的，因為他還不會節制和協調自己的動作（肌肉神經系統尚未成熟）。這樣的幼童不僅需要被尊重，也需要透過智能活動的間接協助：收集、操作、拿取物品、學習吃東西等。孩童會重複同樣的動作，一而再地嘗試，直到目標達成。如此而得到有節制的動作，促使他能獨立行事。整個完備環境協助孩童獨立，這種特質的紀律絕非來自其他成人要他安靜或守秩序的意志，而是回應內在的秩序，如同紀律的練習[4]。

還有另一種紀律，我們可以稱之為「傳統的」紀律，這種紀律形成了成人時常操心的問題。我們成人慣於認為，要達到紀律，就必須運用一些管教技巧，藉由說服、責備或命令才能達到目的。雖然在某些狀況下，針對年齡較大的孩童，這種管教方式或許有幫助、甚至是必要或暫時有效的，然而，一旦孩童投入到自己自由選擇的工作中，這種方式就會失去效果和必要性。

孩童選擇工作、投入於工作中，可以讓他形成自發性、出自內在根源的紀律，然後他就能順從內在意志的指令。這是瑪麗亞・蒙特梭利觀察孩童所看到的自發之自然紀律。

從這個角度，我們才能看見孩童令我們驚訝的蛻變，這常反映在孩童團體中。我們見證孩童在工作中的專注力和持續性，顯示出他們有自律的能力——這原本就是一種出自於孩童存在深處的動力，導向自信、獨立，並外擴、成就了社群整體的健全。

秩序與紀律理所當然是需要的，不僅是因為出於尊重團體規則和需要，也是出於對孩童內在的秩序與紀律的尊重。孩童有能力在團體和個人的需要間做出和諧的平衡，這也能夠助長孩童的心智秩序。

在兒童之家中，如果老師正確地理解自由的前提是什麼，知道如何節制自己對孩童工作的干預、如何謹慎地運用自己的權威，那麼孩童經過一段時間的適應和「正常化」後，便會發展出自發性的紀律。任何人參觀一所妥善經營的蒙特梭利學校，都會被校內多元的個別活動所感動：有些孩童在地板上工作，有些在桌上，他們處於深度的專注和靜默中，只有工作的聲音才能打破這寂靜，就像是蜜蜂歸巢時的蜂窩。此外，工作的組織也可以作為成人的典範。

重要的是，這種專注工作的氛圍並非依靠老師或是監督者的存在而形成，事實上，只要孩童投入工作中，根本就不會注意到成人是否在場！這是兒童內在秩序或

4 同上，第十四章，pp. 350-368.

組織的指標性呈現。不同於由外在強加給孩童的秩序，這是一種與孩童內在秩序相吻合的狀況。

在善牧小室中，因紀律和工作而來的專注，能幫助兒童進入默想與祈禱，這是孩童為了要與神相遇而努力的目標。協助孩童達成此目標是很重要的，如此一來，孩童能在自己內在經驗天主子女的自由，如同聖保祿（保羅）在聖經中所說的：「受造物脫離敗壞的控制，得享天主子女的光榮自由。」（羅馬書 8:21）

第12章

工作的重要性

逾越奧蹟——最後晚餐：讓孩童知道耶穌臨在餅酒內，建立聖體聖事，以此和門徒及所有人永遠在一起！

遊戲與工作

關於工作的課題，我們可以長篇大論，心理學和社會學都可提供許多的相關資料；社會的各個層面都對這個主題感興趣，但在這裡，我們必須限制自己僅在最感興趣的層面做討論。

從人類物種起源之初，人類便透過工作與環境建立密切的關係，唯獨透過工作、透過使用智能和其他珍貴的工具——我們的雙手——人類才能掌管和改變我們的環境。不只是我們去適應環境，也讓環境來適應人類。

激發人類持續工作的因素，便是生存，以及滿足基本需求和與社會的關聯性。然而，工作也是人類對自發的深切抱負之回應。人類文明和文化的進展與我們的工作能力密不可分——無論是個體或是作為群體的成員，社會整體皆因此而受惠。工作的多元形式、應用、重要性和其在社會的角色，隨著時間的推移，在歷史中有所轉變；然而工作仍是人類行為主要的表現形式，是一種人類的本能特質。

當我們談起孩童在善牧小室中所從事的活動時，不只是與慶典禮儀、基督信仰宣講有關的活動，還有與之相輔相成的活動，例如教理教材的使用、日常生活的任務、藝術和手工等。我們說這些是工作而不是遊戲，我們說孩童在善牧小室中「工作」。

現代心理學把遊戲定義為「有成果的活動」，不只是為了消磨時間或消遣，而是朝著個人自我實現之目標最好的活動，所以遊戲的重要性已被清楚地認定。遊戲是自發性的活動，其動機是生理與心理上的發展需求，對於心理結構的建構有其必要性。所以，遊戲是一嚴肅的課題，但它卻不是我們在這裡所關心的重點。

瑪麗亞．蒙特梭利在與孩童們相處的經驗中早已觀察到，每當兒童有機會執行一個有用且具成果的使命時（例如擺設餐桌、擦鞋、擦拭灰塵、洗滌等），便會甘心而迅速地放下他們熟悉的遊戲和玩具。每項工作都涉及了感官的使用，以及適合當地文化的教具，一般是使用「真實」的物品（類似於小型的工具，而非玩具）。

我們最感興趣的問題，也是行為心理學家想問的問題：是什麼樣的內在刺激推動人去工作？這種內在動機的能力是如何發展與進步的？這些問題引發瑪麗亞．蒙特梭利的興趣，引導她的工作以及對孩童的發現。我想回到「敏感期」這個概念，我們知道敏感期是發展中生命之心理建構的基礎，我們特別用「環境的吸引力」來談論敏感期。依我的觀點，瑪麗亞．蒙特梭利就是基於這個元素與孩童之間的關係，而提出了「工作論」。

從她與孩童相處的早期經驗開始，她就把孩童在兒童之家的活動稱為「工作」而不是遊戲。她注意到孩童與環境之間有緊密的關係，並觀察道：「這一緊密的連結從孩童誕生便已開始，連結之緊密，可比感官與動作回應之間的肌肉神經反射。」[1]

成長與發展引導孩童與環境建立更親近也更深刻的關係，「環境吸引力」的敏感期就是這層關係的跡象，恆久地在工作中顯露出來。

如果孩童內在對「環境吸引力」的敏感度有受到尊重，它可以成為引導孩童的力量，不但使孩童們有能力檢視環境，同時能內化環境中他們所需要的事物，例如語言。當這種狀況發生，孩童將不再只是單純地享受聽覺或視覺的刺激，而是彷彿有種如同磁鐵般的需要，吸引他們去聽、去觸碰東西。

就是這個需要，給予孩童深入探索周遭事物秘密的能力，並且去認識、去愛他們周遭的事物。孩童必定會在自己的「所愛」中找到滿足，這股吸引力是如此強烈，必須被實現——在活動與工作中實現。

手的教育

當我們用心神和雙眼開始觀察與陪伴幼童時，我們會關注到孩童的發展和克服難關；我們會覺察到，連新生兒的內在都有個導航者引導他去活動，因而與環境產生接觸——在一開始，是透過孩童的手去接觸環境。套用瑪麗亞．蒙特梭利的話：

人類的雙手是那麼地靈巧及複雜，不僅能夠傳達智慧，也能夠讓人類進入和周

1 Maria Montessori, *The Absorbent Mind* (Madras, India: Kalakshetra Publications, 1973), Chapter 13, pp. 136-147.《吸收性心智》，及幼文化、桂冠出版社。

遭環境的特殊關係中。我們甚至可以這樣說，人類是「藉著雙手占有他的環境」。在智慧的指引下，人類運用雙手改造了環境，進而完成他在這個世界上的使命[2]。

如果手是人類發展的工具，那麼教育或教育心理學不是應該多加考慮手的教育嗎？現在我們知道，人格是由雙手的工作所建構的，手和語言乃是智能的工具，因此蒙特梭利教育方式在四大發展階段都相當重視雙手的工作。自然地，雙手擷取的東西，雙手工作的方式，所有經由雙手展現的能力，會隨著不同發展階段的不同需求而有所改變。

瑪麗亞．蒙特梭利確認了一件事，孩童的智能發展，會因其有限的手的使用而受到限制，但也可以透過手部活動工作而得到更高的發展。我們可以說，會用雙手工作的孩童，會有更為堅實的個性。

2 *The Secret of Childhood* (New York, NY: Ballantine Books, 1977), p. 81.《童年之祕》第317頁，及幼文化，或《童年的祕密》，五南出版社。

第
13
章

兒童工作和「宇宙任務」的關聯

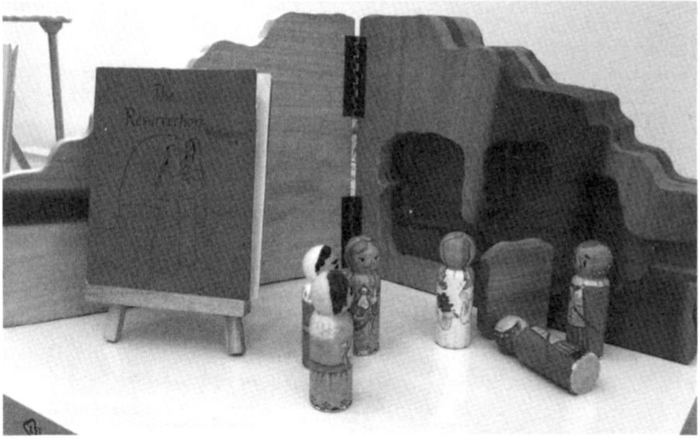

復活空墓：透過分享〈瑪竇福音〉（馬太福音）28 章 1-8 節，思考及慶祝逾越奧蹟「耶穌復活了」！

自然的工作本能

孩童與環境的關係具有某種特質，通常與成人的經驗不同，這種關係讓孩童能夠熱情洋溢地工作，而這種熱忱我們通常只能在科學家、探險家和藝術家身上看到。當這種狀況發生在成人身上時，他們的工作就不再沉重、枯燥或累人，因為工作與人的內在需求相吻合。

對此，瑪麗亞．蒙特梭利觀察到：

當人們達到這種境界，不僅將獲得一種無比強大的力量，要讓他們重新經歷那種自然的工作本能，促使他們再度表現出自己獨特的個性。這個本能就像地底噴出的噴泉一樣，使人立刻恢復精力[1]。

這種品質的工作才能推動人類發展，而大自然中的事物可以幫助我們深入探究人類的這種現象。鼓動兒童工作的這股自發且無意識的動力，就如同大自然放進所有生物（包含動物和植物）之內的本能，所有生物盡力完成自己的職務，來保證大地的存續。顯而易見的是，動物在工作時，並不擁有跟人類一樣的覺知，僅是服從於大自然為牠們設計的「內在程式」，牠們忠誠地「工作」，這一點讓我們想起孩童帶著強烈的精準度去重複同樣的工作，顯然是受到內在的指引。

如果我們深入探索諸多動物和昆蟲的工作，會發現一件驚人的事情：神之造物的工作在我們眼前展開，牠們的繁殖除了延續其物種，還表現出另一個長久以來被忽視的奧秘。眾生為保生存，各自有其特殊的任務：餵養、保護、繁殖等。但是牠們還有另一個遠超過只為生存的任務，牠們肩負著大自然賦予的「宇宙使命」——與眾生相互依存的使命。

蜜蜂忙碌地吸取比實際需要更多的花蜜，以滋養其自身。蜜蜂深入花冠、進入花

1 Maria Montessori, *The Secret of Childhood* (New York, NY: Ballantine Books, 1977), p. 186.《童年之祕》第304頁，及幼文化或《童年的祕密》，五南出版社。

之內在，直入子房狂吮花蜜。擷滿花粉後，蜜蜂不自覺地將花粉帶到其他的花朵上，使其受粉。牠們投入於安靜且非自覺的工作中，不僅滋養了自己，也確保了某些植物的永續生存。

植物養育人類、治癒人類，也讓人類怡情養性，植物的呼吸功能讓其吸收二氧化碳，釋放出人類和其他動物所需要的氧氣。然而，植物只是行使自己的職務，而蜜蜂安靜地工作也是因為大自然給予的命令，這種不自覺地忠實履行「宇宙工作」的現象，是一種普遍性且無意識的服從，這種服從世代以來協調、連結了所有生物，即便沒有受到認可，萬物依然如故。

從生命初期開始，孩童的工作就彰顯出這種普遍性的服從，雖然有些許差異，但孩童和大自然中的萬物一樣，是接受宇宙工作的指示來執行其任務。要是孩童出生時沒有這種熱愛環境、對大地之「愛」的驅動力，那就會如瑪麗亞・蒙特梭利所說的：「一切都會消失。」

成人的工作通常是令人精疲力竭、負擔沉重的，與孩童「熱情洋溢」的工作迴然不同。這令我們很難相信人類生命的根源中有另一種對待工作的態度。瑪麗亞．蒙特梭利質疑，我們社會中視工作為「必要之疲勞」的工作觀，究竟是孩童工作態度的後續轉變，或是偏差，或是「集體偏誤」？

關於孩童工作和成人工作之間的差別，在《童年之秘》第二十七章中，瑪麗亞．蒙特梭利這麼說：

> 他們的行動都是立即的、有意識的、自發的，因此他們做的事稱為工作並無不妥。然而從這裡開始，兩者的工作就不能互相比較了。那是因為兒童與成人的工作目的不同。我們沒有辦法直接瞭解他們工作的目的與意願[2]。

瑪麗亞．蒙特梭利主張工作的主要型態有兩種：孩童的工作和成人的工作，兩者

2 同上，p. 195.

對人類生活來說都是必要的。

為了提升孩童工作的珍貴性，瑪麗亞・蒙特梭利用蠶絲和蜘蛛網這兩樣東西來比喻，前者可製成美麗的布料，後者卻很容易為人破壞。蠶絲代表孩童工作的成品，蜘蛛網則是成人工作的成品。我們感興趣的是蠶絲，即孩童的工作，所以我們要觀察和學習如何協助孩童的工作。

內在的推動力

為什麼孩童如此主動？為什麼孩童會去工作？因為，他們是跟隨著內在的刺激。起初這是無意識的，只是刺激他們去做在環境中所看到的活動，所以從某個程度來說，工作的刺激來自於內在的推動力，讓自己符合周遭成人的行為模式，並融入環境中。

然而，這個刺激還有更多的內涵，否則就只是簡單的模仿了。孩童的內在有一股工作的動力，當孩童使用和發展他的基本工具——即雙手和大腦——去工作時，孩童才能建構自我。孩童工作的主要目的不是「學習」，而是透過重複自己專注的動作或活動，去「成為」他自己。因此，孩童內在有兩股力量去刺激與推動他們工作：

- 一股無意識的力量，推動孩童與周遭環境互動。
- 孩童內在的一股動力，要去建構他自己的「工具」。

當孩童的工作逐漸進入意識層面，其工作便日趨精密，並且延伸為對自己、對他人的服務——也就是成人的工作。六歲以後的孩童不再像幼童一樣，必須重複相同的工作（幼童經常多次重複相同的動作，甚至只是一個手部動作，例如不斷打開、關緊瓶蓋，或是開門、關門）。

雖然環境在孩童的發展階段很重要，但是在生命本身的範疇下，環境也不過是次要的。環境可以改變、協助或甚至摧毀生命，但它不能「創造」生命。因此瑪麗亞・蒙特梭利在《發現兒童》中說：

成長發展源自於內在。孩子並不因為他吸收養分、呼吸或在合宜的氣候中成長；他之所以成長，是潛在生命有效地追隨著他的成長途徑，是因為豐硬的生命之芽在成長。青春期不會因為孩子笑、跳、運動或吸收比平常更多的營養而到來，而是因為某些生理上的改變而發生的。生命會證明這一切，生命會創造，生命能給予；但生命也被限制，被掌控在不可抗拒的自然法則之中[3]。

在今日「舒適的社會」中，為孩童特別設計的環境比以前更可見也更廣泛。現代教育環境預設了可以吸引孩童且適合孩童身型的合適建物和傢俱（有時甚至過於講究）。雖然如此，如果環境不是為了孩童的工作而精心預備的話，只有這些元素仍不足夠。

孩童的「正常化」

當孩童可以自由選擇那些能讓他去探索事物和掌握秘密的工作機會時，就會如同蜜蜂受到花叢吸引一般，受到教育環境的吸引，以自發性的工作去回應環境。

孩童依循自己的節奏執行這種工作。孩童不像成人那樣，凡事要求善用精力以達最高效率，孩童不在乎高效率。孩童是因為工作的喜悅而工作，他們的工作無須受到讚美或承認，兒童的工作有其順序，並通常拒絕成人的幫忙。確實孩童會常說：「我要自己做。」這種工作的品質和發展是形成健康心智的基礎，也為人類的團結鋪路。

綜上所述，我們的任務是：

- 移除孩童與環境之間的障礙。

3 *The Discovery of the Child* (New York, NY: Ballantine Books, Inc., 1973), p. 87.《發現兒童》第117－118頁，及幼文化。

- 小心觀察孩童工作的不同表現。
- 調整我們自己以配合孩童的節奏。
- 提供恰當和適合兒童智能的項目和活動，使孩童內在精微與活躍的生命力得以完全實現，而不會被消滅或誤用。

我們不得當的干預與妨礙，可能讓孩童的工作偏離常軌，其負面的「果實」可能是脫序的行為、脾氣的爆發，或是爆怒、無感或冷漠。相反地，如果孩童被他感興趣的工作深深感動，就會聚精會神、全身心投入，帶孩童回歸「正常」（也可以說，是處於自己與環境的和諧關係中）。

換句話說，當孩童投入自己自由選擇的工作時，我們會看到一個不同的孩童：守秩序、興趣盎然、生氣勃勃，也就是瑪麗亞・蒙特梭利稱為「正常化」的現象（參閱第十章）。瑪麗亞・蒙特梭利在不同種族、文化的孩童身上觀察到這樣的現象，因為普世的孩童皆能找到引導他成長的「準則」，「正常化」回應的是神給予「生命」基礎的內在法則。此外，工作成了一種人格的「重組」方式，不但協助人格的建構，也透過幫助人與「內在法則」重新連接，而成為重構或重組人格的關鍵方式。我們常常在善牧小室見證到「正常化」的現象。

如果我們能在提供和尊重孩童工作這件事上成功地移除障礙，那麼，偉大的事情就會發生：

- 孩童會依據自然法則而發展。
- 我們會看見一個人是如何依據「神的肖像」和神的意願而成長。
- 無論是對個體或是對個體與群體的關係，工作都會成為「正常化」或「完整化」的工具。
- 工作對孩童來說是快樂的，也是在此時，我們才能給予孩童必要的協助。

第
14
章

協助孩童祈禱

祈禱桌：聖經、復活耶穌十字架、蠟燭、善牧塑像、瓶花及祈禱卡，幫助孩童與神對話。

孩童祈禱的特質

如果我們要協助孩童的宗教經驗，就必須關注祈禱這個重要的環節。首先，祈禱是聆聽上主，是一把特殊的鑰匙，用來開啟神與受造物關係的奧秘；祈禱也是神的鑰匙，是神給予所有受造物，沒有宗教、階級或種族侷限，一把隨時隨地、適合各種狀況的鑰匙。

確實，依據不同文化和國家的宗教表達方式，人們用不同的方式祈禱，而身為基督徒的我們，是藉著默想耶穌來祈禱。我們的祈禱是通往最偉大的感恩祈禱——聖祭禮儀——的預備，也是最重要的方法。

祈禱本身就是一個奧秘，也是進入神之奧秘的入門。祈禱更是認識神的方法：透過祈禱，神對我們啟示了自己，我們也藉此回應神。善牧「按羊的名字呼喚羊」，這意思是身為引導者的我們，不能擅自認為要教導孩童祈禱，我們的任務是創造靜默和虔誠的氛圍，使孩童可以專注地聆聽神。首先，我們要準備一個具有祈禱氛圍的環境。

像我們這樣經驗過孩童祈禱的人，就會知道孩童是多麼善於自發性的祈禱，而且孩童祈禱的方式和內容與成人的祈禱十分不同。孩童的祈禱有種安靜和默觀的特質，舉例來說，即使是一歲的幼兒，當他看到落日美景或是群鳥飛過天際，都可能進入長時間的安靜默觀，這就可以視為祈禱。

孩童的祈禱很簡短，例如「耶穌」、「善」、「光」或「阿們」，通常接著長時間的靜默。此外，幼童自發的祈禱只限於讚美和感恩，而不是求恩。所以我們常會聽見孩童這麼說：

- 因為光，謝謝祢！
- 為每一件事感謝祢！
- 謝謝祢，我是祢的羊！
- 耶穌好棒！
- 我的身體很開心！

有個故事說，一位虔誠的老人坐在空蕩教堂的後面，看似在等著某人。有人問他：「你在等誰呢？」老人只是凝視著聖體龕，一邊回答道：「我看著祂，祂也看著我。」孩童的祈禱有著同樣自然而發的特質和真誠，就是這種特質形成祈禱入門的基礎和動力。

確實，我們必須尊重和鼓勵孩童自發性的祈禱，然而我們也要協助孩童做正式或結構性的祈禱。這麼做是為了增加他們祈禱的語言，並協助兒童參與教會禮儀，我們要協助孩童在自發祈禱和正式祈禱中找到平衡點，這將會滋養、支持他們的一生。

祈禱區

在善牧小室內規劃一個與其他工作環境分開的空間，作為「祈禱區」。地面鋪上一塊圖樣可愛的地毯，置有矮桌，以顯示此區域的特別。祈禱桌由孩童們用特定的物品自行布置：配合禮儀顏色的桌布、一本精裝聖經、蠟燭、聖像（如善牧、聖母和聖嬰的模型或聖像畫等）。桌上通常也會有由孩童預備的瓶花，此外，還有祈禱用的跪蹬或坐墊，在團體祈禱時間外供個人使用。

引導者在祈禱區集合孩童，邀請他們進入靜默，減弱室內燈光並點蠟，接著誦讀或唱〈聖詠〉（詩篇），中間穿插著靜默時分。引導者要處於孩童旁邊或是後面（不可在前面），特別是彈奏樂器時，以避免兒童受到干擾。祈禱時間的長短由孩童決定，常會伴隨著長時間的靜默，靜默本身就是真實的祈禱。我們可以邀請孩童用口禱回應來結束祈禱，在邀請孩童自發的口禱回應時，引導者要心存尊重和耐心。

以上過程不需要很正式，因為在開始祈禱之際，一定會有一些外在形式，我們也可以說，這是在創造一種祈禱的儀式感。顯然，這並不會抹煞善牧小室中孩童在其他時刻自發性祈禱的重要性：像是在孩童聆聽聖言、深入工作、唱歌，或是聆聽「靜默」的時刻。

孩童喜歡儀式性的活動，儀式似乎能觸碰到他們內在的需要，而重複他們喜愛且已知的活動也可以帶給孩童安全感。所有跟孩童一起工作過的人，無論是引導者或是父母，都經驗過各個年齡層的孩童在祈禱後所展現的喜悅。此外，善牧小室中的祈禱儀式也可以在家進行。

祈禱的三大元素

間接協助祈禱的三大元素包括了：

- 靜心（silence）
- 有節制的動作
- 語言

我們會從這三個層面分別協助孩童，在善牧小室中，有不同的示範和練習來發展這三個面向。

靜心

現在很難找到自然安靜的條件，無論在大城市或小城市的生活，都充滿了達到人所能容忍之臨界值的噪音，甚至已造成生理上和心理上的困擾。噪音是我們地球最嚴重的汙染之一，寧靜的鄉村曾經是靜默的聖所，如今也飽受農耕機器、通行車輛、頂頭飛機的噪音干擾。在工作或從事其他活動時打開收音機，似乎也表現出人們不再願意安靜獨處。

我們的環境已無法如同昔日那般幫助我們，難以描繪的靜默所帶來的非凡富藏，也輕易地離我們遠去。如今，很多人學習瑜珈和其他放鬆的技巧，只為了心靜、寧靜對生理和心理帶來的益處。多少世紀以來，修士與修女（尤其是在隱修院的修道人）都在操練和教導靜默對祈禱的重要性。的確，聖經中有關祈禱的教導都指向靜默、收斂心神、退省的重要性。

神對我們的自我啟示來自靜心。就連耶穌也必須遠離群眾才能和天父心通神會。

我們在靜默中親近神、獲取力量。關於祈禱，耶穌提供我們一些務實的建議：「當你祈禱時，要進入你的內室，關上門，向你在暗中之父祈禱。」（瑪竇／馬太福音 6:6）他如此教導我們是因為，為了找到祈禱所需要的內在靜默，我們必須避開所有可能干擾我們的噪音和活動。

靜止不動和靜心，強化了反省和聆聽神的能力，幫助我們經驗神在整個生命中的臨在。依照神的教導，空虛自己是神所要求的，當我們將自己掏空，神才得以將祂自己作為恩典溢注於我們靈內。

我們要協助孩童察覺到靜默的價值，因為靜默是聆聽神和回應神的必經管道。懷著這樣的目的，我們依照瑪麗亞．蒙特梭利的建議而進行靜肅練習。靜肅練習是基本的團體練習，屬於動作練習（例如「走線」和「日常生活」）的一部分。

在兒童之家的這些團體練習和其他個別活動，皆能促進孩童的專注力，以及動作控制和自律的養成。然而，靜肅練習對孩童最有幫助，可以幫助他們覺知自己和掌握自己的行動能力。

我們這裡所談的，並非老師在吵雜的教室中試圖恢復秩序的那種安靜，那種安靜除了老師之外，對任何人都沒有價值，我們可以說，那是「空洞的安靜」。

我們所要達成的安靜，是如同瑪麗亞．蒙特梭利所描述的，從靜止安穩的動作中升起的沉穩靜心行為，或稱為「不動」——這種靜心有益於孩童，它有其內涵，能夠創造內在秩序。孩童多次向我們顯示出他們有多麼喜愛靜肅練習，瑪麗亞．蒙特梭利也多次描寫到關於靜心的案例：老師在黑板上才剛寫出「安靜」的第一個字，孩童就已安靜不動。

靜肅練習的做法如下：

- 引導者邀請孩童們找到一個舒適的位置，請他們注意自己的「定」和「靜」。引導者可以邀請一個孩童試著模仿引導者——這不容易！
- 接下來，引導者輕聲說幾句話，稍微提醒孩童覺察自己的身體。我們一起覺察身體的每一部位：我們的腳、我們的腿、手臂和手掌是否已經靜止不動。

- 注意我們的呼吸，是不是也安靜下來了。
- 當一切相對安靜了，引導者可以邀請孩童注意周遭的聲音：或許是外面的鳥叫聲（或車聲）、水滴的聲音、走廊上的動靜聲等。引導者也可以邀請孩童閉上眼睛，聽她發出的聲音，例如搖小鈴噹。有時候，當周遭達到靜默的狀態時，孩童也有機會享受片刻的寧靜，之後，引導者可以低聲誦唸聖詠或唱聖歌。
- 靜肅練習結束之前，引導者走出室外，輕聲呼喚每位孩童的名字，首先呼喚已經準備好最寧靜的那位孩童。

被叫到名字的孩童站起來，盡可能安靜地走到引導者的位置，其他孩童懷著令人佩服的耐心和高度期待，等候引導者呼喚自己的名字。

瑪麗亞・蒙特梭利談到靜肅練習時，說孩童達成的自我控制能力會令他們心生喜悅，但是更大的喜樂是來自於孩童在沉靜中聽見新的聲音，或感受到特別的體驗。在《發現兒童》一書中，她寫道：

那時候我才瞭解，孩子的心中懷著自我賞悅和自我的精神喜悅。活動過後，我覺得孩子對我的喜愛更濃厚；他們也變得更服從、更可親且更溫馴[1]。

當他們（在沉靜與節制的動作中）受到感召時，那些「宗教意識」或「精神意識」的內心感應就會悄悄地發展出來[2]。

沉靜使孩童跟自己接觸：首先透過對身體的覺知，接著覺知自己的呼吸。靜肅練習時，為了達到沉靜而與大家一起努力，也使孩童與團體內的其他人產生心靈默契的連結。此外，也使孩童對環境更加敏感：在靜默中，我們忽然聽見水池中的流水聲、時鐘指針的滴答聲或窗外的鳥叫聲。

沉靜的經驗可以提升孩童對自己、對他人、對環境的覺知，強化內在的平安，因

1 Maria Montessori, *The Discovery of the Child* (Madras, India: Kalakshetra Publications, 1966), p. 133《發現兒童》第178頁，及幼文化。

2 同上，p.346.《發現兒童》第458頁，及幼文化。

此也增進聆聽神的能力。

如果蒙特梭利教學法有被恰當地詮釋和應用，就會在孩童的心田預備了祈禱的肥沃基地；而對於培養孩童祈禱的能力，靜肅練習有著特別的重要性，是孩童祈禱的前奏。

沉靜必須成為個人的習慣，因為祈禱是與神的對話，需要在安靜中進行。正是在沉靜中，神對我們說話；正是在沉靜中，我們才能最好地聆聽和回應上主。如果說沉靜對兒童之家是很重要的元素，那在善牧小室中更是如此，我們甚至可以極端地說，沒有沉靜就沒有祈禱。

動作控制

和靜肅練習一起的，還有另一個與動作相關、幫助兒童發展祈禱能力的間接助力。我們想方設法，協助兒童學習掌握自己的身體、控制自己的動作。我們在〈歡迎兒童〉那一章說過，動作控制的活動在善牧小室學年開始時就要提供，以協助孩童認識和成功地使用環境。

早期的動作控制活動包括：如何搬動椅子、如何坐下、如何拿取物品移動等等。這些練習協助孩童認識自己，同時知道如何組成團隊。將活動變得有趣又能樂在其中的要領，掌握在我們引導者手中。

所有的動作（或手勢）控制的練習，都可以視為祈禱語言（例如單膝跪下、劃十字聖號、拿著聖物遊行等）的準備。舉例而言，雙手就有其祈禱語言，手掌可以合十（東方宗教中亦使用這個手勢）、伸展雙手和手臂（亦見於早期基督宗教藝術當中），而十字聖號本身便代表了人與神的關係，同時也提供反省的機會。

這些手勢是內在情境的外在表達，兩者皆能導向祈禱，所以協助孩童做出這些手勢，就是進一步幫助孩童的祈禱。兒童可以瞭解手勢的意義，也可以順利且專注地完成不同的動作或手勢。

手勢的教導是透過模仿和簡單說明其宗教意義。首先，引導者在孩童面前緩慢且安靜地比手勢，然後引導者可置身於孩童身旁，協助他們重複做同樣的手勢。如果手勢本身有禱文（如「因父及子及聖神之名」）則應在後來再加入禱文，免得口語和手勢這兩種語言彼此混淆。

語言

請記住，手勢本身就是一種語言，我們現在要談的是祈禱的另外一種語言：用言語文字表達自己。

前述的靜肅練習和動作控制，皆能促進聆聽聖言的能力並使之內化，經文中的話語和章節也是滋養祈禱語言的重要成分，尤其是〈聖詠〉，當我們找不到自己的語言時，它能協助我們表達感受，藉著無數個世紀以來曾與神對話的前人的禱詞，來豐富我們自己的祈禱，例如達味（大衛）詩歌〈上主是我的牧者〉（聖詠二十三篇）。

〈聖詠〉有很多簡短的章節，引導者可選擇一些上主形象鮮明、配合較年幼孩童且最自然的祈禱方式：讚美和感恩。這些章節可以包括：

- 上主是太陽和護盾。（聖詠 84:12）
- 上主為王！願大地踴躍。（聖詠 97:1）
- 天主是上主，他給我們光明。（聖詠 118:27）

〈聖詠〉中還有其他為聖誕節、復活節和其預備期（即將臨期與四旬期）所選取的章節。例如在復活節期間，當我們和孩童慶祝蠟光禮時，可以加入：「上主是我的光明，我的救援。」（聖詠 27:1）

聖經的語言能夠觸碰到孩童的宗教敏感度，孩童在團體共同祈禱時，喜歡重複〈依撒意亞先知書〉（以賽亞書 9:6）中所稱主的名「神奇的謀士，強有力的天主，永遠之父，和平之王」，或聖母領報時天使用的耶穌之名「至高者之子」以及「天主子」。瑪麗亞・蒙特梭利在《小學內自我教育》談到孩童熱愛語言文字，他們正處於語言的敏感期（特別是年幼的孩童），表現出對語言的高度興趣。

我記得有個五歲的孩子，每晚睡覺之前，特別喜歡聽在火爐中的三聖童的故事：阿納尼雅（哈拿尼雅）、米沙耳（米沙利）和阿匝黎雅（亞撒利雅）在火爐中的唱誦，讚美上主的創造（參考達尼爾／但以理書 2:20）。這孩子甚至要求用拉丁文唱誦，他顯然不懂其字義，但是透過唱誦的節奏或「音樂」的語言，他可以感受到其中的宗教性。

孩童很容易吸收這些詞彙，這通常反映在祈禱上。此外，隨著年齡的增長，孩童已經熟悉的經文似乎繼續豐富著孩童祈禱的內容和形式。

給孩童「祈禱卡」也會有所助益：將祈禱文用漂亮的字體寫在卡片上，放在祈禱桌上。祈禱卡上可以寫一些「單詞」的禱詞，例如「阿肋路亞」（哈利路亞）、「賀三納」（和撒那）、「阿們」等等，也可以寫上簡短的〈聖詠〉經文，以及先知預言將臨期的話語。

祈禱卡上還可以寫福音書中關於聖嬰敘事的簡短範例禱詞，例如聖母瑪利亞在

〈聖母訪親〉中至高的讚揚「我的靈魂頌揚上主，我的心神歡躍於天主，我的救主」或是天使聖誕的頌歌「天主在天受光榮」。

可能會有孩童喜歡找一張祈禱卡放在祈禱桌上，作為他個人祈禱的一部分。引導者可以選擇一張祈禱卡，在團體祈禱時一起朗讀；也或者，會寫字的孩童會想要抄寫一張祈禱卡。即使是對那些尚不會讀也不會寫的孩童，祈禱卡也仍有其價值，它強調了聖言的珍貴，協助孩童領悟到聖言可以寫，也可以說。

結論

我們說過，如果蒙特梭利教學法有被恰當地詮釋和應用，會在孩童的心田為祈禱預備肥沃的基地。同樣地，我們也可以說，善牧小室的生命力來自於善牧小室是祈禱的場所——一個聆聽和回應上主話語的處所，在這裡，工作和學習會自動成為默想、靜觀和祈禱。

在這共享的宗教經驗中，我們引導者蒙召和孩童一起生活，我們只有一位真正的「導師」，就是耶穌基督自己。雖然我們的重大使命是精心預備環境、示範基督宣言並引導孩童使用環境，但我們最重要的使命是耐心地觀察與學習聆聽孩童，並和他們一同聆聽。

宗教經驗的生活所帶來的喜悅，以及身為引導者的有效性，兩者皆來自於我們對「與」孩童「一起」聆聽上主的意願和承諾。

國家圖書館出版品預行編目資料

兒童教理創意教學指南：主日學蒙特梭利教學法的應用 / 吉安娜．高比（Gianna Gobbi）著；李純娟譯. -- 初版. -- 臺北市：啟示出版：英屬蓋曼群島商家庭傳媒股份有限公司城邦分公司發行, 2021.04
面；公分. --(Talent系列 ; 50)
譯自 : Listening to God With Children

ISBN 978-986-99286-8-7 (平裝)

1.基督教教育 2.兒童教育 3.蒙特梭利教學法 4.天主教

247.7　　110003595

Talent系列 050

兒童教理創意教學指南：主日學蒙特梭利教學法的應用

作　　者／吉安娜．高比（Gianna Gobbi）
譯　　者／李純娟
企畫選書人／彭之琬、周品淳
總 編 輯／彭之琬
責任編輯／周品淳

版　　權／黃淑敏、邱珮芸
行銷業務／周佑潔、賴晏汝、華華
總 經 理／彭之琬
事業群總經理／黃淑貞
發 行 人／何飛鵬
法律顧問／元禾法律事務所王子文律師
出　　版／啟示出版
115 台北市南港區昆陽街 16 號 4 樓
電話：(02) 25007008　傳真：(02)25007579
E-mail:bwp.service@cite.com.tw
發　　行／英屬蓋曼群島商家庭傳媒股份有限公司城邦分公司
115台北市南港區昆陽街16號8樓
書虫客服服務專線：02-25007718；25007719
服務時間：週一至週五上午09:30-12:00；下午13:30-17:00
24小時傳真專線：02-25001990；25001991
劃撥帳號：19863813；戶名：書虫股份有限公司
讀者服務信箱：service@readingclub.com.tw
城邦讀書花園：www.cite.com.tw
香港發行所／城邦（香港）出版集團
香港九龍土瓜灣土瓜灣道86號順聯工業大廈6樓A室　E-mail: hkcite@biznetvigator.com
電話：(852) 25086231　傳真：(852) 25789337
馬新發行所／城邦（馬新）出版集團【Cite (M) Sdn Bhd】
41, Jalan Radin Anum, Bandar Baru Sri Petaling, 57000 Kuala Lumpur, Malaysia.
電話：(603) 90563833　傳真：(603) 90576622
Email: services@cite.my

封面設計／李東記
排　　版／極翔企業有限公司
印　　刷／韋懋實業有限公司

■ 2021 年 4 月 1 日初版　　Printed in Taiwan
■ 2024 年 8 月 29 日初版 2 刷
定價 280 元

感謝「社團法人台灣樂仁國際蒙特梭利推廣教育協會」協助取得本書授權、提供譯稿，並推廣本書。

城邦讀書花園
www.cite.com.tw

 ISBN 978-986-99286-8-7

與孩童一起體驗神

在聖經與禮儀中引導兒童的宗教潛能

蘇菲亞・卡瓦蕾緹 著
定價380元

依循蒙特梭利教育的「善牧教理課程」，
是尊重孩子天性與需求的教學法，
引導孩子與內在的耶穌對話，
在自由與喜樂中，走向上主。

★傳遍六大洲數十個國家的教理教學法
★美國AMAZON書店讀者五星好評：「本書改變了兒童靈性教育的形態！」

「讓孩子這麼早接觸宗教合適嗎？」這是許多父母心中的疑問。作者以數十年與孩子共處的觀察與經驗告訴我們，天父早已將自己啟示給孩子，只要適當的引導，孩子的靈性潛能將會使我們大為驚歎。

這本兒童教理的經典之作，描述了成人要如何帶領孩童，以「引導」而非「灌輸」的方式，讓他們在自然而然的情況下與神相會，在喜悅中接觸聖經與聖事禮儀，並且自由自在地生活在上主的奧秘中。

本書所用的這種教學法，稱為「善牧教理課程」，它深刻具有聖經與禮儀的內涵，同時非常尊重孩童的天性與需求，是一個有系統、配合禮儀年給予明確主題及教學進度的課程。本書讓我們看到了孩子的靈性潛能。書中的許多案例顯示，無論孩子幾歲、來自有信仰或是無神論的成長背景，他們對神、對課程的回應都一樣熱情。

這不是一本教人照本宣科的教科書，相反地，它邀請我們去貼近孩子與神的真實關係，讓孩子活出他們內心深處的請求：「幫助我，讓我自己接近神。」

王秉鈞／台南耶穌聖心堂主任神父
陳君卿／法國號靈糧堂牧師
劉振忠／天主教高雄教區主教
吳昭蓉／修女暨樂仁幼兒園督導
葉榮福／輔大全人教育中心講師
台北總教區／教理推廣中心
——專業推薦（依姓氏筆劃排列）